Simone Bernhart

Engel sein

Die Bewusstheit der eigenen Engelsnatur

Schirner Verlag

ISBN 978-3-8434-1243-8

Simone Bernhart:
Engel sein
Die Bewusstheit der eigenen
Engelsnatur
© 2016 Schirner Verlag, Darmstadt

Umschlag: Murat Karacay, Schirner,
unter Verwendung von #150550508
(© Subbotina Anna) und #191113295
(© Farferros), www.shutterstock.com
Layout: Silja Bernspitz, Schirner
Lektorat: Heike Wietelmann, Schirner
Printed by: Ren Medien GmbH, Germany

www.schirner.com

1. Auflage Februar 2016

Widmung:

In tiefer Liebe und mit größter Dankbarkeit für alle irdischen und himmlischen Engel.

Inhalt

Vorwort

von Wolfram Bernhart

Dieses Buch hat die Kraft, Ihr Leben zum Positivsten zu verändern.
Herzliche Gratulation, lieber Leser,
Sie halten hier ein äußerst wertvolles und wichtiges Buch in Ihren Händen.

Als meine Frau Simone mich bat, das Vorwort für ihr erstes Buch zu schreiben, war ich erschrocken und sehr erfreut zugleich. Es würde für mich, so dachte ich, sicherlich eine Herausforderung sein, die richtigen Worte zu finden. Aber es gab mir auch die Möglichkeit, auf die letzten Jahre zurückzuschauen und mir darüber klar zu werden, wie sich auch unser Leben wunderbar verändert hat.

Simone ist Heilerin, spirituelle Lehrerin, Autorin sowie glückliche Ehefrau und Mutter dreier erwachsener Kinder. Sie hört die Ratschläge der Engel und leitet Heilkraft an diejenigen weiter, die sie darum bitten. In der von ihr konzipierten Ausbildung zum Lightway-Heiler verbindet sie die Teilnehmer wieder mit deren innerer Weisheit und Liebeskraft, die zu seelischer und körperlicher Heilung beitragen können. Simone lebt authentisch das, was sie sagt und schreibt. In dem Buch, das Sie hier in Ihren Händen halten, berichtet sie aus ihrem Leben als Heilerin und von den vielen Wundern, die geschehen, wenn sich der Mensch als geliebter Engel auf Erden wiedererkennt.

Vor einigen Jahren erlangte meine Frau die Gewissheit, dass jeder Mensch, der auf Erden lebt, ein individueller Ausdruck seiner himmlischen, vollkommenen Seele ist. Jeder von uns befindet sich auf seinem einzigartigen irdischen Erkundungsweg. Als engelhafte Wesen kommen wir auf die Welt – doch je mehr sich unser Ego entwickelt, desto weniger ist uns dies bewusst. Die eigentliche Lebensaufgabe besteht letztlich darin, dass wir uns wieder an unser ursprüngliches Engelsein erinnern.

Wir inszenieren unser Erdendasein in vielfältiger Weise, mal als Liebesfilm, dann wieder als Abenteuertrip, bisweilen wird es sogar zum regelrechten Thriller. Eine Frage stellt sich dabei aber jedem von uns immer wieder: Wer bin ich wirklich?

Meine Frau stellt mich öfters vor größere Herausforderungen. Die größte war nicht, mit ihr gemeinsam ein Haus zu bauen, eine Familie zu gründen oder ihr treu zu sein. Die größte bisherige Herausforderung war für mich in der Tat, als sie mir eröffnete, dass sie in sich den Ruf spüre, Geistheilerin werden zu wollen. »Wo wird uns dies hinführen?«, dachte ich. Die Geschichte vom Bruder Klaus, dem Nationalheiligen der Schweiz, kam uns in den Sinn. Dieser hatte seine Familie verlassen, um seinem inneren Ruf zu folgen.

Doch Simone beruhigte mich mit den Worten, dass all ihr Tun immer auch dem Wohle unserer Familie dienen würde. Ich versprach ihr damals, dass ich alles tun würde, um sie in bester Weise zu unterstützen, dass ich aber nicht wisse, wie weit ich diesen Weg mit ihr würde gehen können.

Heute kann ich sagen: Dass Simone diesen Weg gegangen ist, hat das Beste in unserem Leben bewirkt. Über meine damaligen Ängste und Zweifel kann ich jetzt nur noch lachen.

Es hat unsere Beziehung auf ein ganz neues Niveau gehoben. Wir begegnen uns auf Augenhöhe, wollen immer nur das Allerbeste für den anderen und stärken gegenseitig unser Selbstwertgefühl. Die Erkenntnisse, die uns in den tiefen Gesprächen der letzten Jahre kamen, ließen uns reifen und erkennen, dass dieses Leben hier auf Erden schon der Himmel sein kann.

Ich liebe meine Frau sehr und freue mich auf viele weitere gemeinsame, gesunde und lichtvolle Jahre.

Seit unserer gemeinsamen Gründung des Lightway-Institutes für geistiges Heilen und Feng Shui hat Simone zahlreiche Seminare gehalten und viele Menschen zu Heilern ausgebildet. Sie bringt hierbei ihr ganzes Herz ein und gibt all ihr Wissen weiter. Die Anliegen vieler Klienten haben uns die Augen geöffnet und uns Hinweise gegeben, die uns wiederum helfen, unsere Beziehung glücklich zu führen. In diesem Buch sind viele Erfahrungen und Erkenntnisse vereint, die Simone in ihrer Heilerpraxis umsetzt.

Sie dürfen gespannt darauf sein, wie sich Ihr Leben verändern wird, wenn Sie sich für den Gedanken öffnen, ein Engel auf Erden zu sein. Denn je bewusster wir uns wieder werden, dass wir Engel sind, desto freier und freudiger sind wir Schöpfer unseres Lebens. In uns allen sind seit Beginn unserer Existenz Weisheit, eine immense Heilkraft, Erfolg und innerer Frieden angelegt. In der Ausübung dieser lichtvollen Eigenschaften sind wir ein wahrer Segen füreinander.

Lightway-Engel und Holzherzen
aus der Schreinerei Holz & Harmonie
von Wolfram Bernhart

Dieses Buch ist nicht nur ein Beziehungsratgeber – es ist eine Anleitung für eine komplett andere Lebensweise:

Für sich selbst einzustehen, ohne andere zu verletzen.

Bei einem negativen Ereignis dessen lichtvollen Sinn zu sehen, anstatt davon auszugehen, dass es sich um eine Strafe handelt.

Nicht bei sich oder anderen die Schuld zu suchen, sondern zu erkennen, dass es gar keine Schuld gibt.

Es verändert unser Leben immer nur zum Guten, wenn wir uns auf die lichtvolle Sichtweise einlassen. Diese fordert uns dann zum Beispiel dazu auf, nicht den vermeintlichen Vorwurf zu hören, sondern den liebevollen Hinweis, der darin verborgen ist, und sich eben nicht auf die körperlichen Beschwerden zu fokussieren, sondern zu fragen, was der Schmerz uns mitteilen will. Dies im eigenen Leben umzusetzen, kann die Beziehung zu unserem Körper wie auch zu unseren Partnern, Familienmitgliedern, Kollegen und letztlich zu allen Wesen fördern.

Simone möchte Sie mit diesem Buch dazu einladen, Ihrer eigenen, ursprünglichen Engelsnatur zu begegnen und jegliche Zweifel hinsichtlich Ihres himmlischen Ursprungs abzulegen. Denn es ist wahr, dass wir den Himmel schon auf Erden Realität werden lassen können.

Lassen Sie sich ganz einfach auf dieses Buch ein.
Ich wünsche Ihnen das Allerbeste.

Herzlichst, Ihr Wolfram Bernhart

Wir sind alle Engel.
Auch ich glaube fest an das Gute in jedem Menschen
und bin willens, den Engel in ihm zu erkennen.

Die Erkenntnis
der Engelsnatur

Während ich diese Zeilen schreibe, sitze ich im Hotel des Klosters Hegne am Bodensee. Ich beginne endlich, dieses Buch zu schreiben. Sieben Jahre war ich schwanger mit diesem und noch anderen Büchern. Nun ist offensichtlich die richtige Zeit, mein gelebtes und angewandtes spirituelles Wissen mit dir und weiteren Lesern zu teilen. Möge es großer Segen für alle sein.

Noch bevor mein Mann und ich unser Institut für Geistiges Heilen und Feng Shui im Südschwarzwald eröffneten, hatte mein innerer Engel mir den Auftrag überbracht, ein Buch zu schreiben. Als ich diese Botschaft in mir vernahm, konnte ich mir das in keinster Weise vorstellen. So befragte ich die Stimme meines Engels: »Weißt du denn auch schon den Titel dieses Buches?« Prompt bekam ich die Antwort: »Fegefeuer gibt es nicht – und auch keinen strafenden und richtenden Gott.« Ich schmunzelte und erwiderte, dass es doch schon so viele Bücher über dieses Thema gebe. Daraufhin hörte ich in mir einen folgenreichen Satz: »Ja, aber nicht in deinen Worten.«

Sind meine Worte denn wichtig? Wie kann ich die richtigen Worte finden? Wann bin ich wirklich gut genug, um das Buch authentisch und integer zu schreiben? Was soll dieses Buch bewirken? Wem soll es dienen?

So schob ich das Buchprojekt immer wieder auf die Seite, spürte allerdings von Zeit zu Zeit einen diffusen Druck in mir, denn ich wollte ja meinem göttlichen Auftrag gerecht werden.

Es folgte eine Zeit der tiefsten inneren Öffnung für die Engel und Erzengel, bis ich schließlich am eigenen Leib das Gefühl hatte, ein Engel zu sein.

Wenn ich als Heilerin tätig bin, bitte ich den Himmel während all meiner Sitzungen jeweils um eine heilende Botschaft, die sowohl für mich als auch für die

Klienten jetzt gerade passend und hilfreich ist. Aus all diesen praktischen Erfahrungen als Heilerin ist die Lightway-Heilerausbildung entstanden, in der ich die Kunst des medialen Heilens in der aktiven Zusammenarbeit mit der Engelswelt lehre. Für meine Schüler verfasste ich zahlreiche Unterlagen. Zudem lernte ich in meinem Alltag als Heilerin, als Mutter und Ehefrau sowie als Finanz- und Marketingbeauftragte in der Schreinerei meines Mannes beständig an bedingungsloser Liebe und an Weisheit dazu. Sicherlich bin ich noch immer eine Lernende, denn das ganze Leben ist ja ein einziger Lernprozess. Erst wenn all die Aufgaben, die wir uns für dieses Erdenleben vorgenommenen haben, erfüllt sind, legen wir unsere Körper ab und öffnen uns für neue Erfahrungen.

Wir müssen aber nicht auf den Tod warten, um wieder diese große Liebe, die im Himmel herrscht, erleben zu können. Dieses Glück können wir auch schon hier und jetzt erleben, wenn wir durchschaut und angenommen haben, dass wir letztlich – trotz der Polarität, in der wir uns auf Erden befinden – alle EINS sind. Wir erkennen uns dann gegenseitig als seit jeher geliebte Engelswesen, sind nur noch selten krank, leben in glücklichen Beziehungen, sind erfolgreich und zufrieden, geben unser Wissen weiter und sind somit ein Segen füreinander. Bewusst leben wir als Engel auf Erden und sehen in jedem das Engelsgeschwister. Es spielt keine Rolle mehr, wie ein Mensch aussieht, welchen Beruf er ausübt, mit welchen Worten oder mit welchem Blick er uns begegnet. Glaubenszugehörigkeit, Nationalität, Lebenswandel oder Vergangenheit werden unwichtig, weil wir uns innerhalb der großen Weltfamilie zugehörig und geliebt fühlen. Dies geschieht auf der Grundlage einer lebendigen Beziehung zu den himmlischen Helfern mitten im eigenen Herzen und mündet in der unmittelbaren Erkenntnis:

Ich bin ein Engel – so, wie du!

Auch wenn wir einmal sterben und unseren irdischen Körper sanft ablegen, werden wir weiterhin Engel sein, nur in anderer Art und Weise. An unserem göttlich-geistigen Sein wird sich auch dann nichts ändern. Auch wenn wir im Licht sind, stellen wir uns weiterhin zur Verfügung. Als »himmlische« Engel wirken wir dann mithilfe der Menschen, die sich im Gebet an uns wenden, um uneigennützig Hilfe und Unterstützung für sich selbst und für andere zu erbitten. Aus unserem Verständnis heraus bezeichnen wir solche Wesen als Erleuchtete oder aufgestiegene Meisterseelen. In jedem von uns sind diese Qualitäten bereits vorhanden. Jeder ist bereits erleuchtet und ist nach wie vor ein Engel. Doch nicht viele können dies von sich glauben – und schon gar nicht von den anderen.

Wir Menschen haben einen freien Willen geschenkt bekommen. Während wir auf Erden sind, können wir wählen, ob wir weiterhin unser Engelsein leben oder ob wir uns eine Maske aufsetzen, uns – unseren selbst erdachten Ego-Rollen gemäß – verkleiden und dann, wie auf einem Faschingsball, unser Unwesen treiben. Wie auch immer wir uns entscheiden und egal, welche Rolle wir spielen – all dies ändert nichts daran, dass jeder von uns jetzt und für alle Zeit ein bedingungslos geliebtes Wesen ist. Ewig ist unser wahres Wesen, das Engelsein. Das Ausleben unserer Ego-Ideen und -taten bringt Schmerz und Leid in unsere Körper, in unsere Beziehungen, in die ganze Welt und verwandelt Erfolg in Misserfolg. Wer dauerhaft heil werden möchte, der besinne sich auf seine von Gott geschenkte Engelsnatur zurück. Dieser Heilungsweg ist einfach und doch so verzweigt, denn es sind sehr viele Einsichten und glaubensstärkende Erfahrungen notwendig.

Wir sind alle Engel.

In diesem Buch zeige ich dir auf, wie ich meinen Weg gegangen bin. Gerne teile ich mit dir meine Ein- und Ansichten, die du annehmen kannst – oder auch nicht. Überprüfe einfach alle Worte in deinem Herzen, ob sie für dich stimmig und für deinen Weg hilfreich sind.

Nachdem ich anerkannt habe, dass das, was ein Mensch als seine Wahrheit bezeichnet, noch weiter zum Wohle aller ausgedehnt werden kann, erlaube ich mir nun, dir dieses Buch anzuvertrauen. Möge es dir von großem Nutzen sein.

Wahrlich kann ich heute sagen, dass ich glücklich und zufrieden bin. Größte Dankbarkeit und tiefste Liebe zu allen Geschöpfen durchfließen mich, bis ich selbst wieder an einen Punkt komme, an dem ich mich weiterentwickeln muss und hierdurch wieder an reiner Liebe dazulernen kann.

Ich habe viel mit Schutzengeln und Erzengeln kommuniziert und hierbei meine eigene innere Engelsstimme kennen- und lieben gelernt. Hierbei bin ich auch der Stimme meines Egos begegnet und kann diese nun von der anderen unterscheiden.

Dies ist es, was ich als Geistesschulung mit ständiger Bewusstseinserweiterung bezeichne. Am Beginn meines Engelweges beließ ich Engelkräfte bei den himmlischen Helfern und stellte mich sozusagen als untergeordnete Gehilfin zur Verfügung, um Botschaften und Heilenergie an meine Mitmenschen zu übermitteln. Ich fühlte mich den Engeln gegenüber nicht als gleichwertig. Anders ausgedrückt empfand ich mich noch als unwürdig, nicht diplomiert und viel zu klein. Ich war noch im weltlichen Obrigkeitsdenken gefangen, bis ich in mir die Engelsbotschaft vernahm: »Im Himmel gibt es keine Hierarchie. Du bist befähigt. Du bist eine von uns. Herzlich willkommen.« Heute habe ich viele Engel um mich und in meinem Herzen versammelt, die quasi meine besten Freunde sind. Ich fühle mich inzwischen diesem heiligen Kreise zugehörig und von den Engeln angenommen. Ich bin eine von ihnen. Und du bist es auch – auch wenn du es vielleicht noch nicht spüren oder akzeptieren kannst.

Ich weiß, dass es schwer sein kann, die gewohnten Ego-Pfade zu verlassen. Denn auch du hast, wie jeder Mensch, die Möglichkeit, dich voll auf dein Ego einzulassen und somit dein Engelsein verkümmern zu lassen. Doch dann entsteht dieses Gefühl des Getrenntseins, weil du deine eigentliche Bestimmung verleugnest und jene ursprünglichen, himmlischen Kräfte, die in dir ruhen, unterdrückst.

Das alles kenne ich selbst nur zu gut –
und ich möchte es nicht mehr.
Ich stehe zu mir und helfe anderen,
sich als Engel wiederzuerkennen.

Einmal sagte ich zu meinem Schutzengel: »Ich übergebe dir mein Buchprojekt. Sage mir bitte, wenn es an der Zeit ist, es niederzuschreiben. Gib mir ein eindeutiges Zeichen!« In diesem Moment begannen Kirchenglocken zu läuten, und da wusste ich, dass ich die Einladung zur richtigen Zeit mit dem bewussten Wahrnehmen eines grandiosen Glockenläutens in mir empfangen würde.
Immer wieder versuchte ich, mir zu Hause Zeit zum Schreiben zu nehmen. Doch ich fand nicht die nötige Ruhe und Muße, mich für längere Zeit ganz in mein Innerstes zu begeben, da ich für meinen lieben Ehemann, für drei wunderbare, fast erwachsene Kinder, für die Klienten und Ausbildungsteilnehmer unseres Institutes, für unsere Schreinerei, für unser schönes Haus mit Kräuter- und Gemüsegarten und für die große Verwandtschaft samt dem Landfrauenverein da sein und meine Lebensenergie mit ihnen teilen wollte.

Doch irgendwann verspürte ich deutlich den Wunsch, nach Hegne, zur seligen Schwester Ulrika zu fahren, um dort ganz frei für meine inneren Engelsstimmen zu sein und somit mein Projekt starten zu können. Schwester Ulrika war eine Ordensschwester, die fähig war, den Schutzengel eines jeden Menschen wahrzunehmen. Sie konnte gar nicht verstehen, dass andere diese Lichterscheinung nicht sahen. In der Krypta der Klosterkirche steht ihr Sarg, und viele Pilger reisen zum Kloster Hegne am Bodensee, um Ulrika um Beistand und Hilfe zu bitten. Es sollen schon echte Wunder geschehen sein.

Ich fühle mich zu Ulrika hingezogen. Auch ich sehe das innere Licht in den Menschen leuchten. Wenn mich jemand um die persönliche Botschaft seines Schutzengels bittet, nehme ich auch die feinstoffliche Gestalt des Schutzengels wahr und höre in mir die Botschaft für seinen Schützling. Ganz intensiv ist dies, wenn ich als Heilerin bewusst den Engel in ihm sehen möchte. Wenn diese heilige Verbindung zustande kommt, spüre ich den Fluss von starker Liebes- und Heilenergie – und es geschehen Fügungen und Wunder:

Eheprobleme lösen sich, Schmerzen vergehen, Verstorbene können durch mich, als Medium, ihren Hinterbliebenen noch Wichtiges oder Heilsames mitteilen. Durch die von mir entwickelte Lightway-Familienheilung breitet sich der neu entstandene Familienfriede oft über viele Generationen aus. Immer wieder erlebe ich mit, dass Versöhnung auf Herzensebene und große Bewusstseinserweiterung stattfinden. Ausbildungsteilnehmern eröffnet sich ihre Hellsichtigkeit in Form von Hellsehen, Hellhören, Hellfühlen, Hellwissen und Hellriechen. Ich gebe Hilfestellung und vermittle meinen Klienten tiefes Vertrauen, dass wirklich jeder, auch sie selbst, mit den Engeln kommunizieren kann. Im Grunde ist dies reine Selbstheilung und gleichzeitig auch eine Art Weisheitsschulung, die Menschen in die Lage versetzt, ein wirklich glückliches Leben führen zu können.

Aus der bewussten Annahme bzw. Identifikation mit dem Engelsein kann Heilung auf allen Ebenen stattfinden. Als Mensch müssen wir uns aber eingestehen, dass unser selbst konstruiertes Ego mit vielen Tricks und Abwehrmechanismen unser heiliges Sein infrage stellt und verneint. Denn viel zu lange schon sind wir auf die Unwahrheiten unseres Egos hereingefallen, haben uns mit unserer Unvollkommenheit abgefunden und an unseren alten Denkmustern und unbewussten Schatten festgehalten.

Warum ist das so?

Aus unserer Vergangenheit, aus den Erfahrungen in der Kindheit und aus dem Verhalten anderer haben wir gelernt zu urteilen, zu bewerten und uns gegenseitig für schuldig zu befinden. Dies förderte Feindschaft und Trennung statt friedliches Miteinander. Wir verletzen, wir werden verletzt, haben Schmerzen und erkranken. Anstatt weiter mit den Augen der Engel zu sehen und entsprechende Güte walten zu lassen, erschaffen wir uns ein polares Weltbild und fokussieren uns auf das, was nicht gut ist. Wer sind wir wirklich? Ein Engel – oder ein »ausführendes Organ« unseres Egos?

Wir sind aufgerufen, jeden Augenblick achtsam zu sein und uns immer wieder an die Wahrheit zu erinnern:

Lächle – du bist ein Engel!

Als ich in der Krypta bei Schwester Ulrika meditierte, sah ich innerlich mein Engel-Seelenbild, das einst meine Freundin, die Künstlerin Sabine Thiel, für mich gemalt hatte. Sie hatte sich ganz für das Bild meiner Seele geöffnet und dann, in leuchtendem Orange, den »Engel der harmonischen Vielfalt« gezeichnet, wunderschön zart, durchscheinend und doch so präsent.

In diesem Moment, als ich mich an dieses Bild erinnerte, war ich in mir bestätigt: Meine Seele ist, wie alle Seelen, ein Engel. Ich denke, dass auch Ulrika zu Lebzeiten das Licht der göttlichen Seele im und um den menschlichen Körper herum gesehen hat.

Das Heilige zeigt sich denen, die sich für diese hoch schwingende Energie öffnen. Je mehr Menschen sich ihrer heilen, vollkommenen Seele zuwenden, desto alltäglicher wird diese Wahrnehmung des »Heiligenscheins« wieder werden. Für Engel ist dies vollkommen normal.

Das göttliche Licht in sich und anderen nicht wahrnehmen zu können, ist aus dem Chaos der Ego-Gedanken und -gefühle heraus entstanden. Sich selbst seine Ego-Gedanken zu vergeben, bringt die Berichtigung und die Befreiung von Unwahrem mit sich. Wenn wir innerlich entscheiden und akzeptieren, ein Engel zu sein, eröffnet sich uns eine neue Sicht- und Seinsweise. Nicht am goldenen Heiligenschein und an weißen Federflügeln erkennt man uns Engel-auf-Erden, sondern an der hellen Aura, dem Glanz in den Augen oder einem liebevollen Lächeln. Man hört unsere positiven, ehrlich gemeinten Worte und staunt über aufrichtige Taten zum Wohle aller. Die wohltuende Präsenz eines Menschen, der Frieden ausstrahlt, von dem wir nichts zu befürchten haben, sondern uns geliebt und angenommen fühlen, lässt erahnen, dass er ein Engel ist. Die engelhafte Seele eines Menschen leuchtet in seinem Charisma. Als charismatische Persönlichkeit bezeichnen wir daher einen Menschen, dessen Seelenlicht sichtbar in einer brillanten Aura leuchtet, der Vitalität, Lebensfreude, Lebenskraft ausstrahlt und eine große Anziehungskraft besitzt.

Als mir all diese Gedanken durch den Kopf gingen und ich all diese Zusammenhänge begriff und für wahr befand, begannen – laut und feierlich – die Kirchenglocken zu läuten. Ich lachte auf, innerlich dankbar und befreit, denn mir war klar: Jetzt ist es an der Zeit, dieses Buch zu schreiben und zu veröffentlichen. Diese stärkende Botschaft kann ich nicht für mich behalten. Alle sind eingeladen, unser gemeinsames Engelsein zu feiern. Dieses Buch soll nicht dem Ego spirituellen Hochmutes dienen, sondern ist die logische Folge tiefster Hingabe und Liebe. Sich selbst als wertvollen Engel anzunehmen heißt, sich wieder bewusst an den Fluss der Fülle anzuschließen. Es gibt dann nichts mehr zu erbitten, weil wir wissen, dass wir bereits alles in uns haben.

Ich lade dich ein,
dich selbst als Engel willkommen zu heißen.
Lasse dich von meinen Erlebnissen inspirieren.
Mache dir selbst das Geschenk, ein Engel zu sein.

Freude oder Last, ein Engel zu sein

Die Sehnsucht, perfekt und stets liebevoll zu sein, bringt uns in einen Zwiespalt. Einerseits ist es wunderschön, sich als Engel anzuerkennen und so zu leben, andererseits kann es auch eine Last sein, die einen niederdrückt. Zu hohe Ansprüche an sich zu stellen oder von anderen auf sich gerichtet zu spüren, erzeugt Druck. Ein Engel ist jedoch leicht und frei. Hier, auf Erden, können wir beides sein, die »zwei Seiten einer Medaille« erfahren und immer wieder neu wählen, wer wir wirklich sein wollen. Unser Ego »versorgt« uns täglich mit schwächenden und destruktiven Gedanken und Gefühlen, die aus leidvollen Erfahrungen resultieren. Das Ego ist aber nicht einfach nur der »böse Teil« in uns, sondern stellt auch eine Möglichkeit dar, einen echten freien Willen in der Polarität zu haben, diesen umzusetzen, vieles auszutesten und durch Erlebnisse reifen zu können. Doch dies ändert nichts an der Gewissheit unseres ursprünglichen Engelseins. Jeder Gedanke, der uns von dieser Wahrheit abbringt, entstammt unserer inneren Ego-Stimme, die glauben möchte, wir seien unwürdig und unperfekt. Dies projizieren wir dann auch auf andere Menschen, um sie negativ bzw. für das Engelsdasein als nicht gut genug bewerten zu können.

Das ist der allgemeine Tenor, denn viele glauben dieser Idee oder würden nicht im Entferntesten darauf kommen, dass es anders sein könnte. Hören wir aber auf unsere Engelsstimme oder befragen die himmlischen Engel zu unserer wahren Herkunft und Abstammung, so bekommen wir immer diese eine Antwort:

»Du bist ein zutiefst geliebter Engel.«

Als Engel sind wir auf diesem Planeten Erde mitten in einer Abenteuerreise. Hier, in der Polarität, können wir viele Erfahrungen zum Thema »Engel sein

– oder nicht sein« machen. Jeder von uns darf glauben, was er möchte. Jeder erntet aufgrund der geistigen Lebensgesetze, was er gesät hat, und ist in Resonanz mit Menschen, die ähnliche Gedankenmuster und Charaktereigenschaften besitzen.

Welcher Stimme in mir schenke ich Gehör?
Welche Meinungen und Denkmuster, die mir von außen regelrecht eingeimpft bzw. von mir unreflektiert übernommen wurden, möchte ich weiterhin vertreten? Auch hier ist wieder die grundlegende Frage: Wer bin ich: Ego oder Engel?

Engel sein – oder nicht sein, das ist hier die Frage.

Die Wahl
Der Engel darf sich fragen: Wer bin ich wirklich?
Ego oder Engel? Welches Bild habe ich von mir?

Ich bin kein Engel.
Ich bin ein Ego.

Die Illusion

Ich bin nach wie vor
ein Engel.

Die Wahrheit

Wir Menschen tragen viele Möglichkeiten in uns. Wir können sowohl glauben, ein Engel zu sein als auch ein ego-bestimmtes Wesen, das mehr oder weniger auf die Befriedigung bestimmter Bedürfnisse aus ist. Ganz wie wir es wünschen, dürfen wir Erfahrungen innerhalb dieser Gegensätze machen. Jeder von uns hat einen freien Willen. Die Gedanken sind frei. Wir können uns mit unserer Engelsstimme identifizieren oder mit einer anderen. An der Tatsache, dass wir alle der bedingungslosen Liebe entstammen, ändert sich hierdurch nichts. Wir sind ursprünglich umgeben und erfüllt von einer höchst heilsamen und förderlichen Grundschwingung, die immer bleibt, auch wenn wir uns ihrer nicht mehr bewusst sind oder wir sie bewusst ablehnen.

Sich mit ganzem Herzen für seine Engelsnatur zu entscheiden heißt auch, sich wieder an seine besten Charaktereigenschaften zu erinnern und diese zu leben – ganz nach dem Grundsatz:

»Ja, ich will und kann ein Engel sein.«

Doch wir haben auf Erden alle Möglichkeiten. Nichts spricht dagegen, glücklich zu sein oder auch das Gegenteil auszuprobieren und Erfahrungen zu machen, die uns fühlen lassen, was »Unglücklichsein« bedeutet. Ist es nicht wunderbar, sich so frei fühlen zu dürfen und sich trotzdem jederzeit geliebt zu wissen?

Auf der Erde gibt es Spielregeln für das Leben. Diese geistigen Gesetze gelten sowohl für die Menschen als auch für die Natur. Wir säen und werden dementsprechend ernten. Wir ziehen Dinge, Menschen oder Energien an, die dem entsprechen, was wir ausgesendet haben. Wir werden und vergehen. Somit ist in jeder kranken Zelle auch die Information der Gesundheit gespeichert. Alles, was schmerzt, bittet im Laufe des Lebens um Heilung. Auf der Welt gibt es unendlich viel zu lernen. In jeder Lektion gibt es Wichtiges zu entdecken. Wenn sich mal wieder das Ego zu Wort meldet, gibt uns das die Gelegenheit, unseren Horizont zu erweitern. Das Ende ist für jeden gewiss: Wir reihen uns wieder in den Kreis der Engel ein und zelebrieren hier und jetzt unsere glückliche Verbundenheit.

Wenn wir im Bewusstsein agieren, ein Engel zu sein, ist es uns möglich, unsere Konflikte und zugleich auch unseren Körper zu heilen. Leichtigkeit, Frieden und Wohlwollen, große Hilfsbereitschaft und heilende Kräfte strömen dann aus uns.

Es gibt auch Menschen, die wir als suchende Engel bezeichnen. Sie suchen und suchen – und finden nicht. Sie bleiben in der vom Ego eingeschränkten Sichtweise gefangen und finden so den Engel weder in sich noch in anderen. Doch irgendwann wird diese Befreiung geschehen. Für jeden kommt der richtige Zeitpunkt, wieder aus dem Ego-Traum zu erwachen. Im Grund ist dies nur eine innerer Entscheidung, ein Gedanke von großer Tragweite. Bei manchen Menschen ist diese grundsätzliche Änderung der Einstellung bereits geschehen, bei dir geschieht dies vielleicht jetzt, beim Lesen dieser Zeilen. Bei anderen vollzieht sich der innere Wandel später – in diesem oder in einem der nächsten Leben. Noch in den letzten fünf Minuten vor dem irdischen Ableben kann auf dem Sterbebett diese innere Befreiung geschehen. Diese Rückverbindung mit dem Himmel gelingt immer zur richtigen Zeit, nämlich dann, wenn die betreffende Person ganz zustimmt und spürt, dass sie ein geliebter Engel ist.

In diesem Moment finden wir uns selbst
im eigenen Herzen wieder
und nehmen uns als Engel an.
Gleichzeitig tritt auch der Engel im Gegenüber zutage.

Wir alle haben ego-behaftete Gedanken in uns, die wir aus unserer Vergangenheit mitgenommen haben und die noch immer unser Verhalten prägen. Doch keine Sorge: Wir bekommen ständig Gelegenheiten, diese neu auszurichten oder gar loszuwerden. Jedem Zweifel, jedem Schmerz, jeder Angst, jeder Krankheit, jedem Unfall oder Misserfolg liegt ein Gedanke des Egos zugrunde, der jetzt somit um Heilung bittet.

Dies ist die Grundlage des geistigen Heilens. Jede Heilung ist eine Selbstheilung. Die Kraft zu heilen liegt in jedem von uns. Wenn uns Gedanken krank machen können, so können uns Gedanken auch wieder gesunden lassen. Wenn wir hierbei noch den Himmel in uns um Unterstützung bitten, laden wir eine unbegrenzte Kraft ein. Der Heilungsgedanke ist:

Ja, ich lebe gerne.
Ich entscheide mich, wieder ein Engel zu sein.
Ich bin jetzt und für immer zutiefst geliebt.

Auch ich kenne das Gefühl, durch zahllose Ego-Gedanken geprägt und beeinflusst zu werden. Im Laufe meines Lebens habe ich schon viele Hindernisse, die aufgrund meines Egos entstanden waren, aufgelöst und mehr und mehr geheilt. Trotz manch eines skeptischen Blickes, der mir seitens meiner Familie, von Freunden, der Dorfgemeinschaft oder Mitgliedern der Kirchengemeinde zugeworfen wurde, ging ich meinen Weg als Heilerin und »Engelsfrau«, wie ich auch zuweilen liebevoll genannt werde. Heute weiß ich, dass ich ein Engel bin. Wer sich dieser Wahrheit noch nicht öffnen kann oder will, der hat anderes gelehrt bekommen oder identifiziert sich noch immer voll und ganz mit seinem Ego.

Wir können auch davon ausgehen, dass wir beides, sowohl Ego als auch Engel, sind. Wir verhalten uns dann ab und zu wie kleine, unreife, unwissende Kinder, können aber auch als weise Lehrer und verlässliche Helfer wirken.

Das Leben bietet uns im Hinblick auf die Rollen, die wir übernehmen können, die ganze Bandbreite, vom Massenmörder bis zum Heiligen. Vielleicht ist es auch in manchen Situationen einfach bequemer, kein Engel sein zu müssen. Doch die Einladung wird immer wieder kommen, bis wir uns zu dem bekennen, was wir in Wirklichkeit sind.

Wir können unser inneres Licht am besten erkennen,
wenn wir es weitergeben.
So beginnt das eigene Engelsein schon mit dem Gedanken,
ein Engel sein zu können.

Damit ist es aber noch nicht genug. Dies will gelebt und angewendet werden, in welcher Art und Weise, an welchem Ort, in welchem Alter oder Beruf auch immer. Tue Gutes, rede weise, pflege lichtvolle Gedanken in dir, und du kannst immer mehr spüren, dass du tatsächlich ein Engel bist.

Dies ist unser aller Heilungsweg, ein Prozess, der das ganze (oder viele) Leben lang andauert. Darin besteht die Freude oder die Last, Mensch zu sein.

Mein Engel-erkenntnisweg

Geboren als erstes von fünf Kindern, wuchs ich in einer liebevollen Familie im schönen Schwarzwald auf. Obwohl Vater und Mutter ganztags arbeiteten, umsorgten sie uns, gemeinsam mit den Großeltern, mit Fürsorge, Liebe und schmackhafter, badischer Landfrauenkost. Ich bin von ganzem Herzen dankbar für dieses behütende Elternhaus, das es für mich immer bleiben wird. Jeder hat zu jeder Zeit sein Bestes gegeben.

Die Liebe zu den Engeln habe ich von meiner Oma Anna und von meiner Mutter übernommen. Schon sehr früh hatte ich ein feines Gespür für jegliche Disharmonie – ob ausgesprochen oder nicht. Ich spürte tiefsten Schmerz und größtes Glück in mir und wusste trotz meiner Jugend, was es heißt, bedingungslos zu lieben. Bestimmt war dieses harmonische Elternhaus für die Aufrechterhaltung dieses Liebesbewusstseins wichtig. Wer in einem gewalttätigen und kaltherzigen Umfeld heranwächst, erlebt Liebe anders.

Doch auch ich war aufgefordert, die Liebe mit und ohne Bedingungen unterscheiden zu lernen.

Mein Engelerkenntnisweg führte über eine große Ablehnung mir selbst gegenüber. Gleichwohl haderte ich auch mit den Denk- und Verhaltensweisen anderer Menschen. Meine kindliche Liebe zu den Engeln hatte sich während meiner Jugend in ein recht unklares Engelsbild gewandelt. Mein Glaube basierte bis zu meinem 20. Lebensjahr auf dem, was ich in der Kinderstube, im Religionsunterricht und bei den sonntäglichen Kirchenbesuchen gelernt hatte, und war seither kaum gewachsen. Meine Beziehung zum Himmel beschränkte sich auf den regelmäßigen Kirchgang und mein Abendgebet. Als mein Bruder an Leukämie erkrankte, baten meine Eltern eine Heilerin um Hilfe. So lernte ich das geistige Heilen im aktiven Kontakt mit lichtvollen Helfern kennen. In meiner Familie gab es viele Krebserkrankungen. Ich selbst durchlebte in meiner Jugendzeit die Magersucht, die ich durch die tiefe Liebe meines jetzigen Mannes ablegen konnte. Wer echte Liebe erfährt, weiß, dass Liebe immer heilt.

In meiner Verzweiflung neigte ich anfangs dazu, nach Schuldigen für die Erkrankungen zu suchen. Doch das brachte mich in keinster Weise weiter und heilte weder die Krankheit meines Bruders noch das Leid meiner Familie. So bat ich die Engel um Hilfe und um Heilung, statt anzuklagen und zu verurteilen. Meine Beziehung zur Engelwelt vertiefte sich, und Vertrauen ersetzte nach und nach die vielen Ängste. Als dann später mein jüngster Sohn mit vier Monaten mehrere Operationen überstanden hatte, wurde es mir zur Gewissheit, dass Beten wirklich hilft. Die Methode des geistigen Heilens ergänzt in wunderbarer Weise sowohl die Medizin als auch die Naturheilkunde – und umgekehrt ebenso.

Gebete um Heilung gaben der ganzen Familie Halt und Zuversicht. Wir beteten, jeder für sich und auch gemeinsam, um die Heilung meines Bruders. Auch meine Mutter bestätigte immer wieder ihr Gefühl und ihr inneres Wissen, dass mein Bruder damals von den vielen Gebeten des ganzen Dorfes durch seine Chemo- und Strahlentherapie getragen worden sei. Heute ist er ein lebensfroher Mann und Vater.

Die Macht und die Kraft der Gedanken sind unbegrenzt.
Gedanken entfalten ihre Wirkung,
sie können schwächen oder fördern – und somit
eben auch die Heilungskräfte unterstützen.

In dieser Zeit, nachdem ich all diese Erfahrungen gemacht hatte, begann mein bewusster spiritueller Weg – und damit auch meine enge Freundschaft mit den Engeln. Ich besuchte viele Kurse und Seminare, wurde Bachblüten-Beraterin, studierte immer wieder in meinem Lieblingsbuch »Ein Kurs in Wundern« und gab schließlich meinem Herzenswunsch nach, selbst Heilerin zu werden. Bei Jana Haas bildete ich mich in Hellsichtigkeit und Geistigem Heilen weiter. In Janas Engelbotschaften spürte ich die starke Präsenz der Engel in mir und um mich herum. Ich lernte, mit den Engeln zu kommunizieren, und übernahm dies sofort in meinen Alltag. Mit größter Freude pflegte ich mehrmals täglich den direkten

Kontakt zum Himmel, indem ich immer wieder ganz spontan betete, dankte oder segnete.

Anfangs bat ich jeden Morgen meinen Schutzengel um eine Botschaft:

»Mein lieber Schutzengel, was ist heute wichtig und richtig für mich?«

In Stille wartete ich dann und empfing lange Zeit fast jedes Mal die gleiche Botschaft:

»Vertraue. Sprich aus, was du hörst, und halte nichts zurück.«

Diese Worte begleiteten mich und fielen auf fruchtbaren Boden. Ich öffnete mich meiner Heilergabe und begann nun auch für andere Menschen um deren Engelbotschaft zu bitten. Indem ich heilsame und lösende Impulse an Hilfesuchende übermittle, fließen gleichzeitig große Mengen an Heilenergie durch mich zu den Klienten hin. Einem Menschen die Botschaft seines Schutzengels zu überbringen, ist der maximale Liebesdienst. Es bedarf eines großen Vertrauens, Engelsbotschaften auszusprechen und dabei innerlich überzeugt zu sein, dass diese Worte wichtig, wahr und hilfreich sind. Lichtbotschaften sind niemals verletzend oder beurteilend, sie schränken weder den freien Willen des Empfängers ein, noch verbreiten sie in irgendeiner Weise Angst.

Wahre Engelsbotschaften sind leicht zu erkennen, denn sie sind immer in Übereinstimmung mit der bedingungslosen Liebe. Sie erinnern uns an unsere Selbstheilungskräfte, an unsere Weisheit und an unser beständiges Engelsein.

Mit jeder Botschaft lernen Heiler und Klient gleichermaßen viel über die grandiosen Facetten wahrer, göttlicher Liebe. Hierbei werden wir zu Experten in Sachen eigener, vom Ego bestimmter Denk- und Verhaltensweisen. Mehr und mehr wird das Ego in Zusammenhang mit früheren Verletzungen, destruktiven Prägungen, Mustern und Ansichten gebracht, denen wir bislang Glauben schenkten. Diese Ego-Gedanken haben uns geschwächt, klein gehalten, in Abhängigkeiten gebracht sowie krank und unglücklich gemacht.

Je mehr ich den Engeln in mir Gehör schenkte, weil immer mehr Menschen in meine Heilerpraxis, zu meinen Engelseminaren und Heilerausbildungen kamen, desto klarer und lichtvoller wurde meine Liebe zu mir selbst – und somit auch zu meinen Mitmenschen, zu allen Lebewesen sowie zur gesamten Schöpfung.

Es gibt keinen Unterschied, wenn ich sage:
Ich liebe mich. Ich liebe dich.
Alles ist eins. Nichts ist voneinander getrennt.

Es ist sehr erhebend, seinerseits auch den Engeln Liebeserklärungen zu machen. Mit wachsender Routine in der Zusammenarbeit mit den himmlischen Engeln in meiner Praxis bedankte ich mich nach jeder Heilsitzung für ihre Hilfe. Oft sagte ich dann innerlich zu dem Erzengel, den ich zuvor um Erkenntnis und um Heilung für meinen Klienten gebeten hatte: »Danke für alles. Ich liebe dich.«

Fast im gleichen Augenblick vernahm ich dann einmal in mir, wie die Liebeserklärung aus dem Munde des Engels zu mir zurückhallte. Es war, als ob wir beide gleichzeitig sagten: »Ich liebe dich.« Das brachte mir die Gewissheit, dass die Aussagen »Ich liebe dich« und »Ich liebe mich« das Gleiche sind. Im höheren Bewusstsein verschmelzen das »Ich« und das »Du« zum »Wir«. Wir sind eins.

Die Selbstliebe üben

Wenn wir in meinen Seminaren die folgende Selbstliebeübung machen, dann öffnet sich bei den meisten Teilnehmern das Dritte Auge und die Fähigkeit des Hellsehens tritt zutage. Die Aura des Gegenübers offenbart sich plötzlich im hellsten Schein. Dieses Phänomen kennen wir als den Heiligenschein. Das innere Licht zeigt sich, wenn wir uns der Selbstliebe hingeben und diese fließen lassen:

Diese Übung kann nicht mit dem Verstand gemacht werden, sondern hier kommt es ganz auf das Herz und auf die Herzenserfahrungen an.

Selbstliebeübung mit 2 Personen
(oder vor dem Spiegel)

1 Setze dich deinem Übungspartner gegenüber.
Ladet nun gemeinsam den Himmel mit einem Gebet ein:
»Liebe Engel, seid uns willkommen.
Wir bitten um Führung, um Erkenntnis und um tiefe Heilung.«

2 Atme tief in deinen Bauch, spüre in deine Füße hinein,
und beginne nun entspannt zu lächeln.

3 Öffne dich nun für deine Selbstliebe:
Schließe hierzu die Augen, und sprich siebenmal in dein Herz hinein:
»Ich liebe mich.«
Wenn dir diese Worte noch Unbehagen bereiten, dann ändere sie ab,
bis sie für dich stimmig sind, z. B.:
»Möge ich mich lieben können.«
oder:
»Ich bin bereit, mich zu achten, zu ehren und zu lieben.«
Wichtig hierbei ist, diesen Satz nicht nur zu sagen,
sondern ihn auch wirklich so zu fühlen.

**4 Nun schaue deinem Übungspartner in die Augen,
und lächle weiterhin.**
Jeder bleibt bei sich und wiederholt beständig innerlich,
in seinem Herzen den Satz: »Ich liebe mich.«

5 **Siehst du das Leuchten in den Augen deines Gegenübers?**
Siehst du das Licht in seinen Augen?
Siehst du den Glanz?
Spüre in dich hinein und befrage dein Herz:
Ist dieses Leuchten auch mein eigenes Leuchten?
Ist dieses Licht auch mein eigenes Licht, mein eigener Glanz?

6 **Atme weiter tief in deinen Bauch hinein, versenke deinen Blick in die Schönheit dieser Augen.**
Bleibe innerlich jedoch ganz in deiner Liebe zu dir: »Ich liebe mich.«

Eventuell verschwimmt nun das Bild vor deinen Augen, und der Körper
deines Übungspartners scheint in den Hintergrund zu treten.
Stattdessen nimmst du nun einen feinen, hellen Umriss, ein Leuchten,
ein Licht, eine Farbe wahr.
Oder du spürst eine Liebeswelle, die zwischen euch pulsiert
und Wärme und Geborgenheit vermittelt.
Du erkennst eure Ähnlichkeit, das Einssein,
du siehst den Engel in dieser einzigartigen Person.
Du siehst und/oder spürst nun euer beider Engelsein.

7 **Segnung:**
Segne deinen Partner. Sprich in Gedanken:
»Ich segne dich mit meiner Liebe. Danke für alles.«

Jedes Mal, wenn ich diese einfache Übung anleite, bin ich in meinem Herzen tief berührt, welch weitreichende Wirkung sie zeigt. Wann hast du einem Menschen zuletzt so tief in die Augen geschaut? Hast du deine Kinder, deinen Partner/deine Partnerin oder dich selbst im Spiegel schon einmal mit solch einem Blick beschenkt?

Eine Frau war von dieser Übung so bewegt, dass sie sich am darauf folgenden Abend, als sie einen Ball besuchte, in einem regelrechten »Ball der Lichter« wiederfand. Sie nahm das Licht in jedem wahr. Alles entspringt der eigenen Sichtweise.

Mit dieser Selbstliebeübung wurde auch schon mindestens eine Ehe gerettet. Während sie ihre Übungspartnerin segnete, erschien einer Frau plötzlich das Bild ihres Mannes vor ihrem geistigen Auge. Er bat sie auch um ihren Segen. Demgemäß segnete sie – aus ihrer fließenden Selbstliebe heraus – auch ihren Mann. Als sie an diesem Abend nach Hause kam, führten sie ein lösendes Gespräch miteinander, an dessen Ende sie sich dann auch gegenseitig segneten. Hierdurch wurde ihre Liebe regelrecht neu entfacht und bekräftigt – und das, obwohl sie zuvor schon ihre Trennung ins Auge gefasst hatten. Durch die Engelsarbeit war in ihrer Beziehung aus dunkler Nacht hellster Tag geworden. Beidseitig sahen sie ihre Fehler ein und beschlossen, in lichtvollen Gedanken und Worten beieinanderzubleiben. Von nun an wollten sie – so hatten sie beschlossen – täglich die Engel als hilfreiche Freunde in ihre Partnerschaft einladen. Der Mann las mit Begeisterung meine Heilerausbildungsunterlagen »Helfen und heilen mit den Erzengeln«. Ich war sehr glücklich und erfüllt, als ich hörte, dass die Engel schon wieder so wundervoll geholfen hatten und große Liebeskräfte freigesetzt worden waren.

Je weiter sich unsere Liebesfähigkeit bereits entwickelt hat, desto größer ist auch unsere Heilfähigkeit.

Menschliche Liebe wächst bzw. erweitert sich im Idealfall ständig und strebt die Vervollkommnung an. Wenn die Liebesfähigkeit eines Menschen dann ihre höchste Schwingung erreicht hat, sprechen wir von göttlicher Liebe, einer bedingungslosen Liebe, der Alleinsliebe, der höchsten Schwingung im menschlichen Körper. Alle himmlischen Engel und lichtvolle Meisterseelen berichten hiervon und können uns diese lehren. Schritt für Schritt läutern wir hierfür unser Ego, wir verweilen nicht mehr so lange in zweifelnden und schwächenden Gedanken, sondern kehren mit wachsender Achtsamkeit und Bewusstheit immer schneller wieder in unseren heilen und heiligen Teil zurück, der sich seiner Engelsnatur sicher ist. Durch meine Heilertätigkeit ist in mir die Gewissheit gereift:

Wir alle sind Engel!

*Der einzige Unterschied zwischen
uns Menschen besteht nur darin,
inwieweit wir uns unserer eigentlichen
Abstammung bewusst sind.*

Einziges Hindernis auf unserem Weg zum Engelsein: Das Ego

Das einzige Hindernis auf unserem Weg zum Erdenengel ist das Ego in uns. Und wir sind ermächtigt und frei, dies zu ändern!

Das Ego kann man sich als den Teil unseres Inneren vorstellen, der rein auf sich selbst, den eigenen Intellekt, die eigenen Fähigkeiten bezogen ist und somit den Kontakt zu spirituellen Ebenen verhindert, ja, regelrecht blockiert. Es bildet sich aus Gedanken, Gefühlen und Denkmustern, die aus Erlebnissen in unserer Vergangenheit resultieren und noch eine niedere Schwingung der Liebe aufweisen. Auch Ängste, psychische Verletzungen oder Traumata – all das Dunkle in unserem Unbewussten, das um Heilung bittet, trägt zum Wachstum unseres Egos bei. Es zeigt sich als ein bedürftiges inneres Kind.

Je mehr wir uns mit dieser dunklen Seite beschäftigen und somit versuchen, die alten Verletzungen zu heilen, desto klarer wird der einst schlammige Teich trüben Gedankengutes in uns. Entsprechend treten wir wieder mehr und mehr in Resonanz mit unserem hellsten Sein. Glasklares Engelsdenken weiß sich nun wieder vereint und verbündet mit dem Guten.

Meine Gedanken sind frei. Ich bin nicht mein Körper. Ich bin auch nicht meine Gedanken. Ich habe die freie Wahl, was ich geistig aussende und somit einlade. Das geistige Gesetz von Ursache und Wirkung, von Saat und Ernte kann ich erfolgreich nutzen. Ich habe die Wahl, ob ich mich selbst verurteile, kleinmache – und meinen Selbstwert dementsprechend beschneide – oder ob ich mir selbst immer wieder sage, dass ich ein wertvolles, geliebtes Wesen bin. So bin ich frei zu sagen, wer ich wirklich bin.

Wenn ich sage, dass ich ein Engel bin, so bin ich natürlich aufgerufen, dies nicht nur in Büchern zu verkünden oder davon zu reden. Meine Handlungen sollen mit meinen Worten übereinstimmen.

Nur keine Angst vor diesem hohen Anspruch.
Keiner von uns ist perfekt.
Auch wenn sich der Engel in uns schon sehr weit entwickelt hat,
sind wir doch nun einmal auch immer noch Menschen.

Und in eben diesem Menschsein ist das Ego verwoben. Es stirbt nicht, auch wenn wir es mit allen Mitteln bekämpfen, und kann nicht ausgelöscht werden, auch wenn wir noch so viel Gutes tun. Solange wir leben, haben wir die Möglichkeit, das Ego zu »füttern«, uns von ihm leiten zu lassen. Es bittet immer wieder einmal um Gehör, was einem Ruf nach Liebe entspricht, und uns somit auch dazu bringt, uns weiterzuentwickeln, innerlich zu wachsen.

Die Unterscheidung zwischen Ego-Stimme und Engelsstimme ist für unsere Heilung und für unser Glück wichtig, nicht aber deren Bewertung und Deutung. Im Deuten vermischen sich die vielen irdischen Wahrheiten der Menschen mit der himmlischen Einheitsweisheit. Deshalb soll den Engelsbotschaften, die wir mit aufrichtigem Herzen erbitten, keine eigene Interpretation hinzugefügt werden. Wir können lediglich noch schauen, wie wir diese Worte und Erkenntnisse in unseren Lebensalltag einfügen können. Ein Meilenstein ist es, wenn ich gelernt habe, Ego- von Engelsgedanken zu unterscheiden. Manche Gedanken sind wie Schallplatten, die immer das gleiche Lied spielen. Bewusst können wir diese untauglichen Ego-Lieder durch Engelsgesang ersetzen. Dies gelingt nicht beim ersten Mal, sondern will stetig geübt und angewendet werden. In diesem Entdeckungs- und Lernprozess geht es nicht um das Rechthaben, sondern immer darum, im Jetzt glücklich zu sein.

Buddha sagte einmal: »Es gibt keinen Weg zum Glück. Glücklich zu sein ist der Weg.« So ist auch beim Engelerkenntnisweg der Weg zugleich das Ziel.

Das Ziel, irgendwann einmal ein Engel zu sein, in die Zukunft zu verlegen, bringt uns nicht voran. Besser ist es, jetzt, in diesem Augenblick, zu entscheiden:

»Ja, ich nehme mein ursprüngliches Sein an.
Gerne will ich ein Engel sein.«

Falls dein Ego noch aufgewühlt dagegen protestiert, so ändere
den Satz ab, bis sich in dir Stimmigkeit einstellt:

Möge ich ein Engel sein.
Ich bin bereit, Engeln zu begegnen.
Engelskräfte weilen in mir.
Ich glaube an meine Engelsnatur.
Ich liebe den Engel in mir.

Bei diesen Worten geht dem Ego buchstäblich die Luft aus. Es löst sich in diesen hellen Gedanken auf, bis es wieder eine Gelegenheit findet, sich bei dir zu melden oder für Aufsehen zu sorgen. Im besten Falle führt dies dann zu einer noch tieferen Einsicht deiner selbst. Das Ego ist ja nichts grundsätzlich Schlechtes in dir. Es hält dich nur davon ab, dich mit deinem Engelsein auseinanderzusetzen bzw. dies zu akzeptieren. Trotz allem hast du aber jederzeit die Macht und die Kraft eines Engels in dir. Ob du diese im lichtvollen Sinne nutzen möchtest, liegt an dir. So bist du niemals Opfer fremder Mächte, sondern kannst auch eine leidvolle Erfahrung zu einer heilvollen werden lassen. Du bist nie allein. Immer hast du lichtvollste Helfer um dich herum und mitten in deinem Herzen. Schaue einmal in deinen Herzensraum hinein. Wer ist in deinem Inneren willkommen, zu wem pflegst du eine liebevolle Beziehung?

In meinem Herzen beherberge ich viele Engel und auch meine Engelsseele als weise Ratgeber, begnadete Heiler und engste Vertraute. Ego-freie, himmlische Helfer und Lehrer stehen uns Tag und Nacht für alle Angelegenheiten durchgehend zur Verfügung (ohne Risiken und unerwünschte Nebenwirkungen). Wir tragen einen sehr kostbaren Schatz in unseren Herzen. Doch nur in der aktiven Zusammenarbeit mit diesen Freunden werden ihre Geschenke für uns spürbar und sichtbar.

Mein Mann ist mein wunderbarer Heiler, Vertrauter und Liebhaber, meine Tochter eine schöne und weise Frau, meine Jungs sind voller Humor und Lebensfreude, meine Freundin ist beste spirituelle Lehrerin, meine große Familie ist mir eine echte Stütze in allen Lebenslagen. Jeder Klient ist mir dadurch, dass wir miteinander arbeiten, ein Heilungsgeschenk. Jeder Mensch bereichert mich. Auch in jedem Skeptiker, Zweifler, Nörgler, Besserwisser und Angreifer kann ich einen Engel sehen, der mich zu einem noch tieferen Vertrauen und zu einer noch umfassenderen Liebe führen könnte, wenn ich es nur zulassen würde.

Früher hatte ich viele Ängste. Vor allem Verlustängste hielten mich lange Zeit in engen Grenzen und trennten mich von meiner Lebensfreude und Lebenskraft. Ich hatte sogar Angst vor meiner Angst. Ich deutete die Angst als Türöffner für tatsächliches Unheil. Ich fürchtete, dass meine schlimmen Vorahnungen wie ein Magnet wirken könnten – was ja auch stimmen mag. Doch solange ich in den Ängsten verharrte, schadete ich dadurch nicht nur mir selbst, sondern auch allen um mich herum.

Mit der Bachblüten-Ausbildung änderte sich dies. Endlich hatte ich eine Hilfe bekommen. Durch die Einnahme der Bachblüten-Tröpfchen gelang es mir, mich mit den verschiedenen Formen der Angst auseinanderzusetzen, und ich lernte hierdurch die Heilkraft der Natur sowie das Geheimnis der Selbstheilung kennen.[1]

Das Ego besteht, wie gesagt, letztlich nur aus unseren inneren, verletzten Gefühlskindern, die ängstlich, einsam, hoffnungslos, beschämt oder aggressiv sind. Bewusst wie auch unbewusst wird die engelhafte, starke, zuversichtliche und wissende Seite in mir in einigen Angelegenheiten und Dingen ausgesperrt und handlungsunfähig gemacht. Auch mir ist es oft so ergangen, doch ich möchte mir ver-

---

1   Ich plane ein Buch mit dem Titel »Heiler sein«, in dem ich ausführlich auf den Beruf des Heilers/der Heilerin eingehe sowie weitere vertiefende Informationen zum spirituellen, geistigen Heilen gebe.

geben, dass ich mich meinem heilen Teil nicht schon viel früher zugewendet habe. Ganz bewusst kann sich heute eines der verletzten inneren Kinder um das andere kümmern, es trösten, heilen und zurück in meinen Herzensraum bringen. Dies ist geistiges Heilen, eine Art spiritueller Psychotherapie. Die im Ego gefangenen, bedürftigen Gefühlskinder können als Ursache körperlicher Beschwerden und Konflikte jeglicher Art angesehen werden. Die Heilung ist immer die gleiche. Ich bitte meine Engel um Hilfe, vergebe mir und heile.

Wie konnte sich das Ego ins Weltgeschehen einschleichen?

Nur ein einziger, zweifelnder und trennender Gedanke über unser Engelsein, der geäußert und verbreitet wird, genügt, auch andere Menschen so ego-behaftet denken zu lassen. Plötzlich fühlen wir uns nicht mehr gut genug und verabscheuen uns und andere. Fremde Gedanken ersetzen die ursprünglichen und werden zu unserer neuen Wahrheit. Wenn Gedankengänge oft wiederholt werden, erhalten sie Unmengen an Energie und können sich materialisieren. Immer wiederkehrende Ego-Gedanken manifestieren sich in sehr unterschiedlicher Form in unserem Körper, unseren Beziehungen, entscheiden über unseren Erfolg oder Misserfolg und beeinflussen letztlich das ganze Weltgeschehen.

Halten wir zu lange an unseren Ego-Gedanken fest, so ziehen wir dadurch Leid, Schmerz, Misserfolg und Krankheit an. Auch Kriege können so entstehen.

Doch wenn negative Gedanken solch eine große Kraft haben, so haben diese auch die positiven. Kraft unseres freien Willens ist uns alles möglich.

Die Verantwortung für seine persönliche Vitalität, für Wohlergehen sowie für den inneren und äußeren Frieden trägt der Mensch selbst. Er wird mit den Früchten seines Wirkens konfrontiert oder belohnt. Nehmen wir an, was jetzt ist, und machen wir das Beste daraus. Niemand soll sich von diesen Worten angegriffen fühlen, wenn er krank ist oder in einer Krise steckt. Alles hat seinen lichtvollen Sinn und birgt eine spezielle Lernerfahrung ohne Wertung. Wir alle sitzen im gleichen Boot. Das macht uns alle so ähnlich. Jeder hat vor seiner eigenen Haustüre zu kehren und hat allerhand mit sich selbst zu tun – auch ich. Bleiben wir unseres Glückes Schmied.

Der weitverbreitete Irrglaube vom Ego-Sein darf nun wieder berichtigt werden. Jeder ist aufgerufen, das Bild, das er von sich hat, zu gestalten, zu bereinigen oder zu vervollkommnen. Im selben Zuge heilen wir das Bild von unseren Mitmenschen und von Institutionen, von Politik und Religionen. Es erfordert hierzu lediglich die innere Bereitschaft, selbstbewusst für sein Glück einzustehen und für sein Leben die volle Verantwortung zu übernehmen. Dies geschieht nie auf Kosten anderer, sondern geht immer mit dem Wohle aller, ja, sogar dem der gesamten Schöpfung einher. Wir werden uns wieder bewusst:

Ich bin in erster Linie zuständig für meine psychische und physische Gesundheit, für wahrhaftige, friedvolle und bereichernde Beziehungen, für mein finanzielles Wohlergehen, für meinen Beitrag, segensreich zu wirken, um ein sinnerfülltes Leben zu gestalten. Alles, was noch nicht im Reinen ist, darf heilen, wenn ich dies möchte.

Wir alle haben heilerische Fähigkeiten und Kräfte in uns. Ebenso ruhen in uns große Weisheit und ewige Liebe. Um aus dieser inneren Heilsquelle schöpfen und profitieren zu können, schenken wir der Engelsstimme in uns Gehör. Da alle Engel eins sind, sagen die himmlischen und die erwachten Engel auf Erden das Gleiche. Alle sprechen mitten in deinem Herzen und beschenken dich mit den Worten:

»Du bist ein wunderschönes, leuchtendes Wesen. Du bist ein geliebter Engel für ewig.«

Diese Aussage erkennt der Engelsgeist in uns als Wahrheit an, während unser Ego-Geist mit Zweifeln und dubiosen Argumenten dagegen ankämpft.
Will ich dieser schönen Engelsbotschaft glauben? Kann ich sicher sein, dass ich jetzt schon ein Engel bin, trotz meiner Ecken und Kanten? Mein Ego attestiert mir Schwäche, Fehler und Unvollkommenheit, die nie ganz vergehen werden. Wehre

ich die Engelswahrheit ab und verharre ängstlich in meinem Ego-Dasein? Oder überlege ich mir, wie ich diese Gefühle der Unzulänglichkeit heilen kann? Doch dazu brauchen wir Hilfe – und viel Liebe.

Ohne Selbstliebe keine Nächstenliebe.

Das eine bedingt oder schwächt das andere. Alles ist mit allem verbunden. Nichts ist ausgeschlossen. Wie oder an welcher Stelle wir beginnen, unsere Liebesfähigkeit auszudehnen, ist nicht so wichtig. Die Hauptsache ist, dass wir es tun. Liebe ist die beste Investition auf allen Ebenen. Sie kann unendlich sein, ist kostenlos und bringt größtmöglichen Segen hervor. Die noch recht egozentrische menschliche Liebe mit strengen Regeln und Gesetzen, die Ausnahmen und Bedingungen kennt, wandelt und entwickelt sich schließlich in die ganz ursprüngliche, göttliche Liebe, die jeden Menschen befreit und heilt, weil sie den Engel in ihm sieht.

Wie schon gesagt: Dein Ego ist das einzige Hindernis auf deinem Weg zum Engeldasein. Doch selbst das Ego ist auch nur einen Gedankensprung von der Wahrheit und der Weisheit entfernt. Deine Entscheidung reicht aus, dass du jetzt wieder in Verbindung mit deinen himmlischen Kräften und Eigenschaften bist.

Entscheide dich, ein Engel zu sein, und du bist es.
Jetzt.

Nur du selbst hältst dich von deinem Engelsein ab. Wenn andere Menschen an deinen Fähigkeiten oder an deiner Verwandtschaft mit der Engelwelt zweifeln, dann spiegeln sie dir vielleicht nur deine eigenen Zweifel, die du hinsichtlich deines wahren Seins immer noch in dir trägst. Unbewusst schlummerten diese in dir und möchten nun aufgelöst werden.

Immer wenn solche Zweifel
in dir hochkommen, prüfst du dich mit
der Antwort auf diese Frage:
Bin ich ein Engel, oder bin ich es nicht?

Ja, ich bin es.

Sei nicht zu streng mit dir selbst, doch setze deine Ziele hoch. Sei dir selbst eine mitfühlende Mutter und ein tatkräftiger Vater in einem. Meine es gut mit dir. Niemand kann besser für dich sorgen als du selbst. Nur du weißt am besten, was du brauchst und was dir jetzt guttut. Gute Eltern lieben ihr Kind, auch wenn es einen Fehler macht. Kümmere dich liebevoll um deine inneren unreifen, nicht wissenden oder kranken Kinder. Sich selbst verzeihen zu können, setzt voraus, sich etwas bewusst gemacht zu haben und auch bereit zu sein, daraus zu lernen bzw. Konsequenzen zu ziehen.

Du bist Herr deiner Gedanken und kannst das Ego immer wieder als als die dunkle Seite deines Unbewussten, die dir dein Engelsein als Illusion hinstellen will, durchschauen. Verharre nicht im dunklen Labyrinth des Egos.

Ein guter Weg, sozusagen die Brücke vom Ego zurück in den Engelstatus, ist die Vergebung – auch und vor allem dir selbst gegenüber.

Die Vergebung stellt einen Akt der Versöhnung mit sich selbst und gleichzeitig mit der Umwelt dar. Frieden wird ersehnt und willkommen geheißen. Hier hat dann das Ego ausgedient, das doch so gerne Angriff und Krieg aufrechterhalten würde. Das Ego sieht Vergebung als Aufgeben und Unterwerfung. Doch das Vergeben ist ein wahres Wundermittel, mit dessen Hilfe Heilung und Harmonie verwirklicht werden können. Vergebung ist ein unverzichtbares Werkzeug. Das Ja zur Vergebung bedeutet ein Ja zu Gesundheit, Glück und Wohlergehen.

Vergib, und kehre immer schneller wieder in dein Engelslicht zurück. Das tut gut und ist wichtig zu wissen.

Solange wir uns noch nicht mit Herz und Verstand für unser Engeldasein geöffnet haben, können wir uns auch nicht in vollem Maße beschenken lassen. Wir geben uns nur zaghaft der Liebe hin und überlassen den »direkten Draht« zum Himmel, die ganz persönliche Beziehung zu Gott, Engeln, Heiligen oder aufgestiegenen Meistern den Menschen, die wir für etwas »Besonderes« oder eben speziell dafür »ausgebildet« halten, wie Heilern, Schamanen oder Priestern. Vielleicht wurden wir einst von Menschen enttäuscht, hegen noch Ängste und Zorn in uns und schmälern dadurch das Vertrauen in uns und andere. Wir können unsere eigene Ganzheit nicht mehr spüren, weil wir uns von anderen getrennt haben. Doch dies ist nur eine Illusion, ein Traum, aus dem wir jederzeit wieder befreit erwachen können.

Hellstes Licht fließt dann aus uns, wenn wir uns unserer Essenz der Alleinsliebe im Engel wieder bewusst sind.

Die Blume des Lebens
als Symbol für den Himmel

Wie im Himmel,
so auf Erden

Der Himmel:
die Einheit aller Engelwesen

Die Blume des Lebens ist ein Symbol für den Himmel. Sie zeigt die Einheit der Engel, die in einem unendlichen Feld der bedingungslosen, strahlenden Liebe Gottes gehalten und getragen werden.

Jeder Kreis ist ein Sinnbild für die vollkommene Seele, die ohne Anfang und Ende ist. Wenn wir uns Strahlen rund um diese Kreise vorstellen, so wird jeder Kreis zum Licht innerhalb des Lichtes. Unser aller Seelen vereinen sich in absoluter Harmonie zu einer einzigen großen Familie. Aus dieser Einheit, die nie vergeht, sind wir alle hervorgegangen.

Wir bewegen uns innerhalb des Himmels und können uns verschiedene »Zimmer« darin einrichten. Menschen dürfen der Meinung sein, sie lebten auf der Erde und seien weit vom Himmel entfernt. Voller Kreativität erschaffen sie Bauwerke und Sternwarten, Raketen und Waffen. Sie machen geniale Erfindungen, sie helfen sich gegenseitig, vernichten sich – und suchen alle nach dem Glück.

Wir dürfen immer denken, fühlen und glauben, was wir möchten. Anfangs übernehmen wir oft blindlings Strukturen unserer Eltern und engsten Bezugspersonen. Je reifer wir werden, desto freier werden wir zu glauben, dass wir schon jetzt im »Himmel auf Erden« sind, dass wir Engel sind.

Wenn wir den Erdenauftrag unserer Seele erfüllt haben, kehren wir früher oder später in unsere geistige Heimat zurück. Wenn wir nicht mehr leben wollen, kommt etwas, damit wir gehen können. Vielleicht verabschieden wir uns durch eine Krankheit oder einen Unfall.

Je nachdem, wie wir uns mit dem Thema »Sterben« auseinandergesetzt und diesbezügliche Ängste abgelegt haben, kann der Sterbevorgang sehr harmonisch und in großer Dankbarkeit vonstattengehen. Ich persönlich glaube, dass keiner von uns beim ersten Mal stirbt, sondern dass uns beim Sterben die Willensfreiheit erhalten bleibt. Zwei Teilnehmerinnen der letzten Heilerausbildung berichteten von Nahtoderfahrungen. Eine Frau befand sich während der Geburt ihrer zweiten Tochter zwischen Himmel und Erde. Sie erzählte, dass sie ihren Körper von oben kraftlos daliegen sah, in hellstes Licht getaucht und gleichzeitig frei von Schmerzen. Dieser Moment und Zustand sei unbeschreiblich schön und erfüllend gewesen. Gleichzeitig schossen ihr Gedanken durch den Kopf: Sie wollte und konnte doch ihren Mann mit einem Neugeborenen und einem zweijährigen Kind nicht alleine lassen. Nein. Ihr Auftrag auf der Erde war noch nicht erledigt. Sie entschied sich für das Weiterleben und verlor dafür ihre Angst vor dem Tod.

Heute tritt sie in die Fußstapfen ihrer Mutter, die Heilerin ist und sich langsam aus dem Dienste am Menschen zurückziehen möchte.

So kam diese liebevolle Frau zu mir in die Ausbildung, um die Anwendung des geistigen Heilens zu erlernen. Heute ist sie dazu bereit und voller Freude über ihre Berufung.

Die andere Teilnehmerin berichtete Ähnliches: Sie lag nach einer Operation sechs Wochen lang auf der Intensivstation und war dem Tode näher als dem Leben. Doch sie sagte, dass es eine Kraft gebe, die sie in dieser Zeit getragen habe. Sie konnte lange Zeit dieses Gefühl mit Worten nicht beschreiben. Während dieser Zeit kam täglich ihr Mann ans Krankenbett und holte sie schließlich total geschwächt nach Hause. Dort waren ihre Familie und auch viele Tiere, die sie sehr liebte. Sie machte Fortschritte, nahm sich viel Zeit für ihre Genesung und hatte hierbei viele Einsichten und innere Erlebnisse, die sie zur geistigen Heilweise trugen.

In der Ausbildung empfahl ich ihr, täglich den Satz »Ja, ich lebe gerne – danke für alles«, bewusst zu wiederholen.

Als ich sie fragte, ob sie denn diese Nahtoderfahrung und die darauffolgende schwere Zeit missen wolle, schüttelte sie lächelnd den Kopf.

Sie wollte bleiben, die unbewusste Entscheidung für dieses Leben in dieser Familie sowie all die Gebete ihrer Lieben und die vielen Engel im Krankenhaus hatten sie getragen.

Eine lebensbejahende Einstellung ist grundlegend wichtig,
bis wir uns bewusst – oder eben auch unbewusst –
verabschieden wollen, um in die nächste
Erfahrung überzugehen.
Alles hat seine richtige Zeit. Auch das Sterben.

Auch wenn Angehörige mit dem Tod eines geliebten Menschen hadern, geschieht dies zunächst aus dem Schock und der riesigen Trauer heraus. Das ist völlig okay. Doch darf dieser Kummer auch heilen, indem die Dankbarkeit für die gemeinsame Zeit überwiegt und wir einsehen, dass die Liebe immer bleibt und uns jetzt umgibt.

Jeder ist demnach frei, diese Inkarnation weiterhin schöpferisch zu gestalten oder zu beschließen, seinen Körper abzulegen und in ein anderes Zimmer in neuem Gewand bzw. in einer anderen Form in eine neue Dimension hinüberzuwechseln.

Es gibt keinen anderen Ort und auch keine andere Zeit. Der Himmel ist hier und jetzt und überall. Daher ist es faktisch unmöglich, nicht im Himmel zu sein. Das »andere Zimmer«, in das wir hinüberwechseln, ist nur ein Bild für die andere Dimension. Beschließe einfach, jetzt im Himmel zu sein – und du bist es. Beschließe jetzt, ein Engel zu sein – und du bist es. Sage, wer du bist, verhalte dich entsprechend – und es ist so. Der längste Weg ist hierbei wohl der vom Herzen zum Verstand. Wir können ihn abkürzen, indem wir beschließen, jetzt ein Engel mitten im Himmel auf Erden zu sein.

Wenn du deine Wahl zwischendurch vergisst – was menschlich ist –, kehre so schnell wie irgend möglich aus dem Ego-Geist in dein Engelsgewahrsein zurück, und beginne erneut, deinen Entschluss mit viel Lebensfreude und Hingabe immer weiter zum Gesamtwohl zu realisieren. So bist du ein Segen, und reicher Segen fließt zu dir zurück. Du bist dir deines Engelseins bewusst, bist beschützt und begleitet von unendlich vielen Helfern.

Falls du dich entschieden hast, im Moment oder auf absehbare Zeit kein Engel sein zu wollen, dann kreierst und lebst du eine von dir erfundene Hauptrolle im Spiel deines Lebens und wirst den entsprechenden Lohn einfahren. Vielleicht wird er sehr bitter sein. So bist du ein Engel auf Abwegen, der träumt. Auch dieser unbewusste Engel ist beschützt und begleitet, doch wehrt er diese Hilfe kraft seines eigenen Willens noch ab.

All dies spielt sich im Himmel ab.
Wie im Himmel, so auf Erden,
wie oben, so unten,
wie im Kleinen, so im Großen.

Viele Seelen sind derzeit auf der Erde in einem Körper inkarniert, andere sind verstorben und somit wieder in den lichtvollen geistigen Urzustand zurückgekehrt oder befinden sich auf dem Weg dorthin. Manche Seelen waren hingegen noch nie auf der Erde inkarniert. Diese bezeichnen wir als Schutzengel, Erzengel oder einfach als Lichtwesen. Da im Himmel Einheit herrscht, sind alle Seelen Engel, und in der Einheit kann es kein Gegenteil geben. In der himmlischen Verbindung sind wir alle eins. Deshalb sprechen wir von der Alleinsliebe.

Dies alles wurde mir anhand meiner persönlichen Erfahrung als Heilerin bewusst. Wenn ich Kontakt zu Verstorbenen aufnehme, sehe ich oft erdgebundene Seelen, die sich ihrer Abstammung noch nicht vollends bewusst sind und zumeist noch viele Schuldgefühle in sich tragen. Wenn ein Klient einem lieben Verstorbenen vergeben möchte und ihm das Allerbeste im Kreise der Engel wünscht, und die Seele dies annehmen kann, so verwandelt sich das bisher wenig lichtvolle Wesen des Verstorbenen sofort in derart hellstes Licht, dass ich es von dem der Engel nicht unterscheiden kann. Oft bitte ich den Schutzengel des Verstorbenen, er möge sich hinter seinen Schützling stellen und ihm die Hände auflegen. Wenn diese Seele zulassen kann, dass himmlische Liebe und Heilkraft in sie fließen, so lösen sich Schuldgedanken in große Liebe auf, und diese Seele möchte dann nur noch zum Segen ihrer Lieben auf der Erde dienlich sein. In einfachen Worten kann ich es so beschreiben, dass eine solche Wesenheit sich in eine goldene Lichtkugel verwandelt und von ihrem Schutzengel nicht mehr zu unterscheiden ist. Beide sind pures Licht.

Unsere Essenz ist die eines engelhaften Wesens.
Ob wir nun im Himmel oder auf der Erde weilen,
macht letztlich keinen Unterschied. Engel bleibt Engel.
Unsere göttliche Herkunft hat ewigen Bestand.
Wie oben so unten, wie unten so oben.

Wenn wir uns nun auch eine menschliche Zelle als Kreis vorstellen, so ist unser ganzer Organismus ein Wunderwerk größter Schönheit. Wieder habe ich das Bild der Blume des Lebens vor Augen. In einer harmonischen Aura erstrahlt ein harmonischer Körper. Das ist unser Urzustand, der sich im Laufe der Leben verändert, aber irgendwann auch wieder hergestellt sein wird. Mit dem Engelsblick ist dieser heile Zustand jederzeit zu erkennen. Das Universum wird in diesen bildhaften Vorstellungen vergleichbar mit einer menschlichen Zelle. In jeder Zelle liegen das gesamte Wissen und allumfassende Heilkraft.

Der ganze Himmel hat in jeder kleinsten Zelle Platz
bzw. die kleinste Zelle trägt die Information des Gesamten.
Im Großen, wie im Kleinen.

In himmlischen Sphären sind, wie gesagt, nach wie vor die Seelen aller nicht inkarnierten sowie auch die der inkarnierten Engel, wie wir Menschen es gerade sind, vereint. Hier sind alle eins. Unsere Seele weiß das und redet mit Engelszungen auf uns ein, wenn wir auf unserem Erden-Ego-Ausflug allzu sehr mit unserem Ego Bekanntschaft machen.

Der Himmel ist allumfassende Liebe, voll
hoch schwingender Energie und reinstem Licht.

Das Eingebundensein in diese alles durchdringende Liebe ist ganz natürlich. Alles ist durchdrungen von Frieden, Freude, Gelassenheit, Vollkommenheit und Glückseligkeit. Ohne Wertung gibt es keine Hierarchie und auch keine Resonanz, weil alles bewusstes Sein ist. Genau diesen Zustand vermissen wir Erdbewohner sehr, wenn wir durch das Ego leiden.

Die lichtvollen Seelen der Verstorbenen, die gerade nicht inkarniert sind, verweilen hier bis zur erneuten Inkarnation freudig beieinander. Es werden Absprachen getroffen, um die geschmiedeten Seelenpläne auf der Erde gemeinsam auszuführen. Jeder ist berechtigt und frei, sich in der irdischen Polarität für und auch gegen die von ihm getroffenen Pläne entscheiden zu dürfen. Wir sind keine Marionetten einer fremden Macht. Das gilt sowohl für die Seelen im Diesseits als auch für die im Jenseits. Mein Vertrauen darauf, dass wir alle irgendwann wieder als bewusste Engel erwachen, ist grenzenlos. Auf dem Erkundungsweg hier auf Erden können wir uns jederzeit durch die Liebe heilen.

Unsere Seelen haben in dem Sinne kein Geschlecht. Sie sind gesegnet mit Weisheit und Kraft des vollkommenen Männlichen und Weiblichen. Obwohl wir auf der Erde die Gestalt eines Mann oder einer Frau annehmen, sind wir dennoch aufgerufen, beide Kräfte in uns – die der starken Frau und des empfindsamen Mannes – zu entwickeln.

In Erleuchtungserlebnissen kann diese Einheit der männlichen und weiblichen Kraft in uns ganz deutlich wahrgenommen werden.
Solche Momente verändern. Sie bieten eine hervorragende Möglichkeit, aus dem Ego-Traum aufzuwachen. Doch damit ist nicht alles getan. Die Erkenntnis ist da und möchte gelebt und angewandt werden. Das Ego-Gebäude fällt unter Umständen wie ein Kartenhaus in sich zusammen. Im Äußeren ist mit dem Erwachen noch nichts geschehen, nur im Inneren hat sich eine neue Sicht auf die Welt auf-

getan. Wer diesem Wandel der Wahrnehmung echten Glauben schenkt und in Bezug auf das ewige Verweilen in der bedingungslosen Liebe gefestigt ist, beginnt nun, diese neue Sichtweise in den Alltag zu übernehmen …

Das Leben geht weiter, nur die Sicht auf die Welt ist eine neue. Im Idealfall wird die erlebte neue Sichtweise in den Alltag übernommen. Mehrere solcher Erfahrungen sind nötig, um sich darin zu festigen. Doch diese kommen, wenn sie erwünscht sind.

Mein bisher tief greifendstes Erleuchtungserlebnis hatte ich bei einem Vortrag von Pater Willigis Jäger mit dem Titel: »Das Leben endet nie.«

Während einer Meditation hatte ich um die Begegnung mit Gott gebeten. Daraufhin vernahm ich in mir die klaren Worte: »Du wirst mich bald treffen.« Niemals würde ich zu Gott sagen: »Ich treffe dich bald.« Daran, dass die Wortwahl für mich so außergewöhnlich und vor allem auf Hochdeutsch war, erkannte ich, dass diese Botschaft in mir göttlichen Ursprungs sein musste, denn in meiner Heimat im Südschwarzwald wird in einem schweizerischen Dialekt geredet. Tief bewegt erzählte ich meinem Mann von dieser Begebenheit, vergaß sie dann aber nach einigen Tagen wieder.

Drei Wochen später, am Tage des besagten Vortrages, war ich mir plötzlich ganz sicher, dass dies der Tag sein würde, an dem ich Gott begegnen würde. Da es keine Zufälle gibt, war es so geführt, dass mein Mann und ich direkt vor Pater Willigis einen Platz bekamen. Ich achtete auf alle möglichen Zeichen und hoffte auf eine Lichterscheinung oder Ähnliches. Doch ich konnte beim besten Willen nichts Besonderes bemerken. Dafür waren die Worte von Pater Willigis reinster Balsam für meine Seele. Ich entspannte mich und schloss die Augen. Da geschah es. Ich brannte innerlich. Ich war in gleißend helles Licht getaucht. Schnell riss ich wieder die Augen auf, denn ich dachte, alle würden sehen, dass ich brenne. Doch niemand schaute auf mich. Ich aber sah alle 300 Zuhörer im gleichen hellsten Licht brennen. Die ganze Halle offenbarte sich mir als riesiges Lichtermeer und war in eine Liebe getaucht, die ich von dieser Welt bisher noch nicht kannte. Geborgenheit, Zärtlichkeit, Wärme, Glückseligkeit, Frieden und größte Freude durchströmten mich gleichzeitig.

Ich hatte die Gewissheit, dass ich Gott gerade in mir treffe ... und gleichzeitig auch in allen anderen. Dieses Erlebnis hat mich verändert. Es hat sich in mir eine lichtvolle Sicht verankert und das innere Wissen, dass wir alle zutiefst geliebte Engel sind.

Aus der Engelssicht hat sich das Ego aufgelöst. Hier gibt es keine Unterschiede und somit auch keine Rangfolge in der Liebe zu einem Menschen mehr. Als Engel lieben wir alle und alles gleich. Wir strahlen die ewige Liebe des Höchsten aus und haben zugleich größtes Mitgefühl und größten Respekt für die vielen Wege und Irrwege, die das Leben auf Erden bereithält. Im Engelsbewusstsein existieren weder Angst noch Schmerz noch Krankheit, denn der Himmel ist voller Heil und Segen, angefüllt mit grandioser Heilkraft und Weisheit.

Merke dir:
Wir alle sind heil und vollkommen.
Der Engel in uns weiß das.

Die Ego-Instanz in uns lehnt dies ab und speichert entsprechende negative Erfahrungen, um dies zu untermauern. Das Ego ist wie ein kleines Kind, das Albträume hat und sich darin verrennt.

Jederzeit könnte es glückselig daraus erwachen. Doch das Kind glaubt, dass das Schlimme, das es im Traum erlebt hat, wahr sei. Es lässt diese traumatischen Gedanken und Gefühle an sich heran, was dazu führt, dass sie prägend und verändernd auf sein Wesen einwirken.

Unwahrheiten werden irrtümlich als negative Glaubenssätze übernommen, die sich schmerzlich auf das weitere Leben auswirken. Heute könnten wir dies wieder ändern und heilen.

Der Engel in uns ist hingegen bedingungslose Liebe.
Er bewertet nichts und niemanden –
und muss somit auch nicht vergeben.

Wer nicht im Schubladendenken bewertet, wird auch nicht angegriffen werden, sondern sieht in jeder Begebenheit den Bezug zum eigenen Leben. Niemand tut uns etwas an, was wir nicht im hintersten Winkel unserer Seele eingeladen hätten, um Grundlegendes zu lernen und daran zu wachsen.

Alles, was mir begegnet, hat mit mir persönlich zu tun. Deshalb sollte man nicht in das Denkmuster »Der andere hat mir etwas angetan« verfallen, sondern einfach denken: »Schaue doch mal, was es hier Segensreiches zu entdecken gilt, und gehe gestärkt aus jeder Herausforderung des Lebens hervor.«

Wer die Tugend der Bewertungslosigkeit beherrscht, ist ein Meister seines Geistes. Er ist offen für alle und weist niemanden ab. Himmlische und irdische Engel arbeiten förderlich zusammen. Jeder Mensch, der sich den Engeln öffnet, kann heilen, zur Weisheit gelangen und sich von Wundern beschenken lassen.

Der Himmel ist im Menschen

Wir Menschen können uns mit einer Bitte oder einem Gebet an einen himmlischen Ansprechpartner wenden. Egal, ob wir unser Anliegen laut oder leise vortragen – die eigentliche Kontaktaufnahme geschieht mitten im eigenen Herzen. Hier, an diesem inneren Ort der Liebe, treten wir wieder in Verbindung mit der allwissenden Allmacht und können aus der unversiegbaren Heilquelle schöpfen. Hoffnung und tiefstes Vertrauen sind hier zu Hause.

Anfangs projizieren wir diese Eigenschaften auf andere Lichtwesen, denen wir unser größtes Vertrauen schenken. Wir stellen uns dann ein Lichtwesen in Gestalt eines Engels vor. Wir können eine freundschaftliche und liebevolle Beziehung zu ihnen aufbauen und sie im Himmel und gleichzeitig in unseren Herzen wissen.

Diese innige Verbindung täglich zu pflegen,
ist die Grundlage für inneren und äußeren Frieden.
Mit Engelsfreunden im Herzen zu reden,
sie um Rat und um Heilung zu bitten,
bringt nur Gutes hervor.
Nach dem Gebet sind wir still
und lauschen in unserem Inneren,
was der Engel, den wir angerufen haben,
uns sagt.

Wenn ich zum Erzengel Raphael bete, so kann ich wirklich davon ausgehen, dass auch genau er mir antworten wird. Genauso verhält es sich bei allen Engeln und Erzengeln. Mit diesen himmlischen Helfern haben wir die pure Wahrheit und grenzenlose Heilkraft vor Augen. In uns selbst können wir dies anfangs noch nicht so wahrnehmen, da wir auf der Erde immer wieder mit unserem Ego konfrontiert sind, das uns Selbstzweifel einreden möchte. Mit wachsendem

Vertrauen in die Engel steigert sich das Vertrauen in uns selbst. Nach und nach hören wir die innere Engelsstimme unserer Seele wieder, die heilig ist. Konzentriere ich mich dann genau auf diesen hellsten Teil in mir und bitte meine Seele um Hilfe, so wird die Antwort ebenfalls im Sinne der bedingungslosen Liebe sein. Doch bis wir so weit fortgeschritten sind, ist es sehr hilfreich, wenn wir uns der Grenzenlosigkeit des Himmels öffnen und somit unzählige ego-lose Helfer um uns und in uns wissen. Wir sind immer begleitet und geführt, wenn wir dies zulassen. Die Freude des Himmels bewusst zu leben, kann ausgesprochen ansteckend, gesund und heilbringend sein. Lasse ich zu, dass sich diese Liebeswellen in mir ausbreiten, spiegelt sich dies in meinen Zellen, in meiner Aura sowie in meiner ganzen Umgebung, die sich langsam aber sicher zum Guten verändert, wider. Ich selbst bin hierbei die ausschlaggebende Kraft. Die Verantwortung für ein erfülltes Leben liegt allein bei mir. Nicht mein Lebenspartner, der Staat, die Medizin, der Heiler und noch nicht einmal die Engel sind für mein Glück zuständig, sondern ich ganz allein. Diese Einsicht löst alle Abhängigkeiten, befreit und heilt. Ich habe das Allerbeste in mir. Der Himmel ist in mir, hier und jetzt.

Ich bin der Engel, in dem himmlische Liebe wohnt.

In jedem Menschen existiert weiterhin dieser Zwiespalt, sodass wir wankelmütig werden und uns dem Ego hingeben können – und sich uns somit die Frage stellt, wer wir wirklich sind.

Wer Engel bleiben möchte, kann die Liebe und das Licht nutzen, um für andere ein Segen zu sein. Wer im Ego verhaftet bleiben möchte, darf urteilen, trennen und weiterhin Leid über sich und andere bringen. Irgendwann erwachen wir alle wieder im Engelsein.

Der Engel im Himmel, so auf Erden

Aus dem Himmel
Der Engel in der Einheit

auf die Erde
Der Engel in der Polarität

mit der freien Wahl
Welche Rolle spiele ich?

Ego   oder   **Engel**
Die Illusion   **Die Wahrheit**

Der unwissende Engel   Der wissende Engell
Kriegsbote   Friedensbote

Die Erde: Der Engel macht Erfahrungen in der Polarität

Die Inkarnation auf Erden inkludiert den freien Willen. Wir dürfen demnach weiterhin Engel sein, aber auch »Nichtengelhaftes« ausprobieren. So kann unser Ego immer mehr gedeihen oder wieder geheilt werden.

Aus der ursprünglichen Einheit gelangen wir in die Polarität und damit in die Vielheit der Gegebenheiten, Gedanken und Gefühle: von arm bis reich, von krank bis vital, von getrennt bis vereint, von depressiv bis glücklich, von gehasst bis zutiefst geliebt. Dazwischen gibt es jeweils viele Abstufungen, welche die entsprechenden Lektionen, Umwege, Rückschläge, Erkenntnisse und Wunder bereithalten. Viele Menschen denken, Engel und Ego seien zweierlei, dass der Engel getrennt vom Ego bestehe, und teilen dementsprechend ihre Mitmenschen in »gut« oder »schlecht« ein. Dieser Ansicht sind sie so lange, bis sie ihr eigenes Engelsein integriert und somit die Erkenntnis gewonnen haben, dass alles eins ist.

Mit unserer Geburt haben wir unser Engelsein – zumindest zeitweilig – vergessen. Schon als Embryo wurden wir mit den Gedanken und Gefühlen unserer Mutter, der Familie und der Ahnen energetisiert. Nach der Geburt wurden wir durch unser Elternhaus geprägt und beeinflusst, später orientierten wir uns neu und übernahmen auch Gedankengänge und Verhaltensweisen aus dem Freundeskreis, unserer Arbeitswelt, der Religion oder Politik.

Dies bedeutet, dass wir unsere leuchtenden Familienbande, in denen der Fluss der Liebe noch aktiv und heil ist, unter Umständen vergessen, verleugnen oder gar verdrängen. Wenn wir uns dann auch noch entscheiden, uns ausschließlich auf unser Ego zu fokussieren, leben wir fortan in einer Scheinwelt, in der die Erfahrung von Leid und Schmerz unumgänglich ist. Doch in uns allen schlummert auch eine tiefe Sehnsucht nach der wahren Liebe, nach Gesundheit, Gemeinschaft und gegenseitigem Wohlwollen.

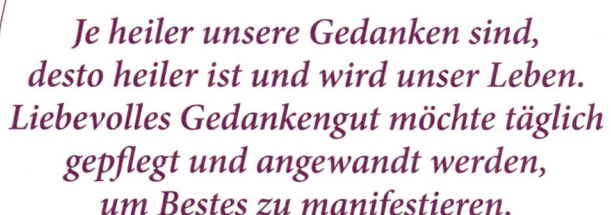

Je heiler unsere Gedanken sind,
desto heiler ist und wird unser Leben.
Liebevolles Gedankengut möchte täglich
gepflegt und angewandt werden,
um Bestes zu manifestieren.

Am besten bist du jetzt gleich glücklich und dankbar, denn an der Präsenz der großen Liebe in dir ändert sich nie etwas. Du bist immer reich gesegnet. In jeder Angelegenheit deines Lebens steckt etwas Lichtvolles. Immer gibt es Nützliches zu entdecken und zu lernen. In allem ist es möglich, Frieden zu finden, denn dieser ist stets nur einen Engelsgedanken weit entfernt. Dies mag sich angesichts der haarsträubenden Bilder von Krieg, grausamen Massenmorden, Machtkämpfen, Krisen, Elend und Hunger nicht realistisch anfühlen.

Spüre in dich hinein: Bringt es dich und andere weiter, wenn du vor Mitleid zerfließt, dich wegen deines eigenen Wohlergehens vielleicht sogar schlecht fühlst oder andere anklagst, weil sie all das Leid zulassen?

Wie wäre es, wenn du von Herzen mitfühlen und im Gebet um Segen und um die angemessene Hilfe für die Betroffenen bitten würdest? Was liegt sonst noch in deiner Macht, um Gutes zu tun?

Ganze Heerscharen von himmlischen Helfern stehen jederzeit zu Diensten. Alle Engel akzeptieren den Willen des Menschen, ohne zu urteilen. Wo sie willkommen sind, können wahre Wunder geschehen. Engel können keine Wunder bewirken – oder gar erzwingen. Die Wunder geschehen immer durch die Einwilligung des Menschen. Jede Heilung ist eine Selbstheilung. Wo die Engel ignoriert oder abgewiesen werden, halten sie sich zurück und vertrauen auf den inneren heiligen Kern des Menschen, der alles schaffen kann. Mit dem Engel in dir kannst du Leid in Glück verwandeln, Krankheit in Gesundheit, Hass in Freundschaft und Krieg in Frieden. Diese Kraft ist in dir. Nutze sie.

Keiner muss das Leid der ganzen Erde schultern oder die alleinige Verantwortung für alles übernehmen. Wir müssen uns vor dem Leben unserer Mitmenschen verbeugen und es akzeptieren, was jedoch nicht ausschließt, dass wir unsere Weisheit und Heilkraft zum Wohle aller teilen.

Wenn wir meinen, der andere muss unseren Heilungswunsch annehmen, weil er sehr krank oder arm ist, so ist das nicht richtig. Wir können – wie die Engel – Bestes anbieten, doch wer davon etwas annimmt und wann er dies umsetzt, liegt nicht in unserer Macht. Wir können mit unserem eingeschränkten Menschenblick nicht die ganze Tragweite des Seelenplanes unseres Gegenübers einschätzen. Wir haben allerdings die Macht und die Kraft, Schöpfer unseres eigenen Lebens zu sein und viele daran teilhaben zu lassen – im Guten wie im Schlechten.

Wir können jetzt krank sein, eine schlimme Diagnose bekommen haben – und doch zufrieden sein und uns entschließen, gesund werden zu wollen.

Wenn sich am Freitagnachmittag um 15.00 Uhr zumeist alle meine vier Geschwister mit Kindern bei meinen Eltern zu Kaffee und selbst gebackenem Kuchen treffen, fühlen wir uns alle glücklich und gesund. Hier spielt es keine Rolle, dass mein Vater seit 18 Jahren Krebs hat oder dass meine Schwester sich mit der Diagnose MS auseinandersetzen muss.

Wer in Harmonie vereint ist, hat im Moment keine Beschwerden. Glücklich ist, wer dies erlebt.

Den Weg des Egos zu gehen bedeutet, sich von seinem wahren Sein zumeist unbewusst abzuwenden, um dessen Gegenpol, die dunkle Seite des eigenen Ichs kennenzulernen. Ich begebe mich in den Krieg, um den Frieden richtig schätzen zu lernen. Gewalt zieht weitere Gewalt nach sich, bis der Gedanke von Frieden willkommen ist. Aufrichtige Gespräche führen von Waffenstillstand über Vergebung zu konstruktiven Lösungen oder zur Einigung bis hin zu gegenseitiger Wertschätzung. Wenn sich viele Menschen diesem friedvollen Gedanken anschließen, kann sich Frieden ausdehnen. Jedes Gebet für Frieden ist hilfreich und wichtig, da es himmlische Interventionen ermöglicht. Anstatt sich gegenseitig die Schuld zuzuweisen und sich gegenseitig zu zerfleischen, lässt man die Engel ihr Werk tun und den Weg für Einigkeit, Gesundheit und Fülle ebnen.

Der tägliche Kleinkrieg, der in unseren Beziehungen herrscht, kann ganze Familien zerstören und Leid und Schmerz über viele Generationen bringen. Auch hier ist es allein schon der Wunsch nach Harmonie, der die Kraft zum Vergeben mit sich bringt und alle zugleich beschenkt.

Ich fühle eine große Liebe zu meiner Familie. Alles, was sich als unstimmig zeigt, möchte ich in meinem Herzen bereinigen. In erster Linie bin ich für meine Sichtweise verantwortlich, dafür, dass sie Liebe und Frieden bekräftigt. Ich bin nicht abhängig von den Ansichten anderer Menschen. Genau diese Unabhängigkeit meiner Gedanken ermöglicht den Wandel zum Guten. Natürlich müssen dann auch dementsprechende Worte und Taten folgen, um meinen Plan offensichtlich und zugänglich zu machen, damit andere sich mit diesem verbünden können. Die Familie, der Arbeitsplatz, ja, viele Bereiche des Lebens bieten wunderbare Lernfelder.

Die Menschen, mit denen wir tagtäglich leben, haben wir uns einst, als es um unseren Lebensplan ging, ausgesucht, um miteinander zu wachsen und zu reifen. Frei darfst du wählen, mit wem du dein Leben verbringen möchtest. Als Kind können wir diese Freiheit vielleicht durch die Abhängigkeit zu den Eltern noch nicht so sehen, doch dies ändert sich im Laufe des Lebens, wenn wir das nur wollen. Durch dein unzufriedenes und bewertendes Sein irritierst du deine Lieben, schwächst sie und hältst sie, wie auch dich selbst, klein. Durch dein zufriedenes und ausgleichendes Sein inspirierst du deine Lieben, stärkst sie, befreist sie, und ihr wachst gemeinsam weiter.

Wer sich hingegen vorgenommen hat, Streit und Zwietracht zu säen, kann dies auch haben. Ein solcher Mensch wird dann in eine Umgebung geboren, in der dieser Wunsch von mehreren geteilt und ausgeübt wird. Doch bei jedem wird sich irgendwann Frieden einstellen, wenn er dies will – sei es zu Lebzeiten, auf dem Totenbett oder erst nach dem Übergang ins Jenseits. Wer einwilligt, der kann in der reinen Liebe erwachen, jetzt, hier und überall.

Wir müssen jedoch nicht auf den Tod warten, um den Zustand der Vereinigung zu erleben. Der Himmel ist nicht getrennt von der Erde. Es gibt keinen »anderen«

Himmel und im Grunde auch kein »Nichtengelsein«. Es gibt immer nur den Engel im Himmel. Und du bist dieser Engel. Sei dir dessen stets, in jedem wichtigen Augenblick deines Lebens, bewusst.

Du hast immer die Wahl, wem du zuhören und glauben möchtest:
deiner Ego- oder deiner Engelsstimme.

Sei achtsam, und bedenke stets:
Achte auf deine Gedanken, denn sie werden zu deinen Worten.
Achte auf deine Worte, denn sie werden zu deinen Handlungen.
Achte auf deine Handlungen, denn sie schreiben
deine Lebensgeschichte.

Was willst du?
Wer möchtest du sein? Engel oder Ego-Ausführender?
Woran glaubst du? An das Gute oder an das Böse?

Das Böse können wir, wie bereits erwähnt, als niederen Pol unseres Ego-Gedankensystems bezeichnen. Hier treiben aggressive Hass- und Grollgedanken ihr Unwesen. In diesem Teil in uns sind wir voller Bewertungen und Vorurteile. Früher wurde diese niederste Schwingung eines lebenden oder verstorbenen Menschen als Teufel, Satan oder Dämon bezeichnet. Doch so einfach lässt sich das Phänomen des Bösen in der Welt nicht erklären, denn es ist kein Angreifer, der jederzeit von mir Besitz ergreifen und mir schaden kann. Nur wer in sich diese dunkelsten Gedanken und Gefühle hegt, sich bewusst für diese öffnet, kommt in Resonanz mit entsprechenden Menschen und Wesenheiten. Hass zieht Hass an. Liebe zieht Liebe an. Jede hohe Schwingung löst jede niedere Schwingung auf. Das ist immer so. Der beste Schutz vor Bedrohung durch dunkle Mächte ist jene überirdische Liebe, die wir in einem lichterfüllten Helfer antreffen. So kannst du mit einem einfachen Gebet jedes Dunkel auflösen:

»Liebe Engel, helft.«
Sei getrost: Sie helfen immer.

Wie und wann sie helfen, das überlasse ihnen. Schreibe nichts vor, sondern lasse dich beschenken. Trage du aber deinen Teil dazu bei, indem du stets mit ihnen in Verbindung bleibst. Die Hilfe kommt immer rechtzeitig. In dem Moment, wenn du vollends bereit bist, wird es sich fügen.

Wenn wir jenes hellste Licht
in unsere tiefsten Ängste und Sorgen hereinlassen,
wird sich die dunkle Angst auflösen und in Vertrauen wandeln.
Je öfter wir diese Erfahrung gemacht haben,
desto größer wird unsere Gewissheit.

Lebende wie auch Verstorbene haben immer die Wahl: Engel oder nicht Engel (Ego). Dazwischen gibt es nichts. Mit jedem deiner Gedanken fällst du täglich deine persönliche Entscheidung: für oder gegen das Gute, für oder gegen das Ego. Es gibt keinen Unterschied zwischen »ein kleines bisschen« oder »ganz« getrennt zu sein.

Wenn du kraft deines Willens entscheidest, dich von dem Engel in dir abzuwenden, so darfst du dies tun. Du wirst dann die entsprechenden Erfahrungen sammeln, die offensichtlich für dich wichtig sind. Zur richtigen Zeit wirst du dich dann wieder intensiv deinem Engel zuwenden.

Der Engel und sein Gegenpol

Die Polarität in unserem Geist:

Ego-Denkweise:
*Ego-Gedanken und
Ego-Gefühle schwächen.*

Engels-Denkweise:
*Engels-Gedanken und Engels-
Gefühle stärken und heilen.*

*Wähle weise, welcher Stimme du in dir Gehör schenkst.
Dein Denken prägt dein Verhalten und bringt
Leid oder Glück hervor.
Du bist der Entscheider, der Regisseur und die
Hauptrolle in deinem Leben.*

Hier sind die Optionen, zwischen denen du wählen kannst:

Ego-Stimme	*Engelsstimme*
Niedrig schwingende Liebe, die Bedingungen und Erwartungen stellt bzw. Ausnahmen macht	*Höchster Grad der Liebe, die rein, göttlich, bedingungslos ist*
Ego-Ausführer, der sich und andere bewertet	*Engel, der bewertungslos alle gleich liebt*
Psychopath, Massenmörder	*Engel auf Erden*
Leid, Schmerz, Krankheit, Tod	*Heil und Glückseligkeit bis in alle Ewigkeit*
Zerrissenheit im eigenen Körper, Streit in den Beziehungen, Krieg der Nationen	*Frieden und Harmonie in allen Bereichen*
Mangel, Misserfolg, Missgunst	*Segen sein, indem wir erfolgreich die Fülle bejahen*
Sich von allem getrennt fühlen	*Verschmelzung und Identifikation mit allem, was ist*
Ich bin kein Engel und du bist es auch nicht.	*Ich bin ein Engel. Wir alle sind Engel.*

Lerne dein Ego kennen

Aus Unwissenheit entstehen Unordnung und Disharmonie: **Das Ego**

1 Akzeptiere, dass auch du ein Ego besitzt.

Dass wir alle ein Ego haben, macht uns einander sehr ähnlich und auch verwundbar. Glaube, dass dies der unwirkliche Teil in dir und jedem ist, der sich zum Positiven verändern lässt. Der wirkliche, ewig unveränderbare, authentische Teil in dir und jedem ist der des Engels. Akzeptiere auch dies. So kannst du alles in deinem Leben annehmen und optimieren. Wogegen du dich wehrst, was du abweist und verdrängst, bleibt bestehen. Doch das, was du annimmst, kann sich wandeln und heilen.

2 Nimm dein Ego an. Wende dich ihm liebevoll zu.
Sei bereit, deine Schatten anzuschauen.

Bitte nimm dir einige Minuten Zeit, und notiere dir:

deine Probleme und Konflikte,
deine Schmerzen und Krankheiten,
deine inneren Verletzungen und Traumata,
deine Feinde, Zweifler und Kritiker.

Spüre deinen Schmerz,
deine verletzten Gefühlskinder,
deine Ängste, Sorgen, Nöte,
deine Schwere, deine Last oder die unendliche Leere in dir,
den Druck, der auf dir lastet,
dein schlechtes Gewissen,
deine Schuld- und Schamgefühle.

Erkenne deine Urteile und Vorurteile.
Erkenne deine Abneigungen und Ablehnungen.
Erkenne deine Begrenzungen und Ausgrenzungen.

Erkenne deine dich schwächenden Glaubenssätze:
Ich bin nicht perfekt … nicht gut genug …
Ich bin nicht gewollt, nicht willkommen, nicht geliebt …

3 Untersuche den Inhalt deines Ego-Geistes:
Was sagt dir dein Ego?
Was lehne ich an mir ab?
(Körperteile, Aussehen, Verhaltensweisen, Elternhaus)

Was lehne ich an anderen ab?
Warum lehne ich mich als Engel ab?

Wie denke ich über mich selbst?
(negativ, abwertend, …)
Wie denke ich über andere?
Warum denke ich, ich sei kein Engel?

Wie spreche ich über mich?
(nicht sehr nett, abfällig, hochnäsig …)
Wie spreche ich über andere?
Warum spreche ich nicht so,
wie wir es uns von einem Engel wünschen würden?
(liebevoll, wohlwollend, …)

Wie handle ich mir gegenüber?
(beschränkend, einengend, geizig, ängstlich …)
Wie handle ich anderen gegenüber?
Warum handle ich nicht so, wie ich es mir von einem Engel erhoffe?

4   Nun sei bereit, dein Ego zu deinem höchsten Wohle zu heilen:

Möge ich mich und andere als Engel anerkennen.
Möge ich als Engel liebevoll über mich und über andere denken.
Möge ich als Engel liebevoll über mich und über andere sprechen.
Möge ich als Engel in wahrer Liebe zum Wohle aller handeln.

Lerne dein Engelsein näher kennen

Sei bereit, deine Resonanz zum Ego aufzugeben, um wieder ein Engel zu sein. Weisheit, Ordnung und Harmonie sind dein.

1 Akzeptiere, dass du schon immer ein Engel warst, es bist und ewig sein wirst.

Bitte im Gebet um Hilfe, dein Engelsein zu erkennen.

> *»Liebe Engel, ich bitte um die Heilung*
> *meiner Ego-Gedanken und Ego-Gefühle.*
> *Ich möchte mich jetzt wieder als Engel erkennen.«*

Wisse:
Jeder Mensch ist ein Engel, obwohl er sich
zeitweise auch vom Ego leiten lassen kann.
Das Ego ändert nichts an der Gewissheit,
dass wir alle Engel sind.

Diese ursprünglichen Gedanken und Gefühle sind unauslöschlich in uns gespeichert. Dies ist hellstes Gedankengut, das jeden Schatten unseres Egos auflösen kann. Echte Weisheit und große Selbstheilungskraft weilen stets in uns.

Der heilige, allwissende Engelsgeist heilt
den unwissenden Ego-Geist.
Heile dich selbst. Dir ist alles möglich.

Erinnere dich: Deine Engelsstimme ist die Stimme deiner heilen und heiligen Seele. Immer wenn du diese anrufst, wirst du auf die eine oder andere Art und Weise Hilfe bekommen. Sie sendet dir die Hilfe, die du im Moment wahrnehmen kannst und die für dich jetzt gerade am besten ist: einen lieben Freund, einen Heiler, ein Buch, ein Inserat, ein Seminar, eine Ausbildung, eine Engelsfeder, einen Glückscent, eine Vision, einen Geistesblitz, einen Traum, eine Ahnung, ein inneres Wissen, eine Lichterscheinung, einen Vogel, eine Wolkenformation, einen Regenbogen, eine Farbe, ein Symbol, ein Gebet, eine Affirmation, wiederkehrende Gedanken, intensive Gefühle, ein Lied im Radio oder in deinem inneren Ohr, eine Meditations-CD …

Je beständiger du um Rat und um Zeichen bittest, desto geübter wirst du im Wahrnehmen der himmlischen Führung. Die Engelskommunikation wird für dich immer selbstverständlicher und ist bald aus deinem Leben nicht mehr wegzudenken. Fügungen und Wunder geschehen, mehren sich und werden fast alltäglich.

Bitte die nicht inkarnierten, ego-freien Engel und Erzengel um Heilung und um Führung bei allen Arten von Beschwerden oder Problemen. Du wirst die verschiedensten Facetten der Liebe kennenlernen. Jede Lichtbotschaft, die du erhältst, ist im Einklang mit der bedingungslosen Liebe. Es spielt keine Rolle, welchen himmlischen Ansprechpartner du auswählst. Viel wichtiger ist, dass du es tatsächlich tust und ihm vertraust.

Nur zu. Traue dich. Ich habe es gelernt, ergo kannst du es auch. Das Beten lernen wir durch Beten, das Lieben durch Lieben und die Engelskommunikation durch das Reden mit den Engeln. In der aktiven Zusammenarbeit mit den Engeln lernen wir auch unsere inneren Qualitäten mehr und mehr kennen und schätzen. Wir spüren tiefste Liebe und erkennen das vom Ego geprägte Leben als einen Albtraum, aus dem wir glückselig aufgewacht sind. Du selbst bestimmst den Zeitpunkt, an dem dies geschieht. Dieser kann jetzt sein – oder auch später.

Dieses Rückbesinnen kommt einem Heilungsprozess gleich, der über längere Zeit andauern und viele wichtige und festigende Erkenntnisse mit sich bringen kann. Aber auch Spontanheilungen sind für Engel kein Problem. Wunder sind für Engel alltäglich. Heilungen geschehen oft jedoch erst nach und nach, weil die meisten Menschen solch einem großen Wandel im eigenen Energiezustand nicht standhalten wollen oder können. Heilung bedeutet immer auch eine Änderung der Denkweise und von Gewohnheiten.

Wir Menschen können allerdings unser Möglichstes tun und gewiss sein, dass es unserem Engel gegeben ist, jederzeit auch das Unmögliche zu vollbringen. Ohne Angst und Überforderung können wir ganz allmählich bereit werden, die Fähigkeiten, die uns zu Engeln machen, wieder zu aktivieren.

Jeder sagt zum richtigen, ihm gemäßen Zeitpunkt:
»Ich bin und bleibe ein Engel.
Möge ich ein großer Segen sein.«

Wenn wir dies verstanden haben, tauchen wir aus dem Vergessen ins bewusste Wahrnehmen auf. Wir wissen uns inmitten der Engel. Sicher hast du schon einmal zu einem Mensch gesagt: »Du bist ein Engel für mich!« Oft sind wir füreinander Schutzengel, aber auch »Ego-Engel«, die einander zum Weiterlernen auffordern.

Glaube mir, wir sind Engel.
Glaube mir, und sei glücklich.

Oder:

Wenn du jetzt immer noch nicht glauben kannst,
dass wir alle Engel sind,
dann sei einfach glücklich, und vertraue mir,
dass auch du es irgendwann glauben kannst.

Vielleicht denkst du: »Ich würde es ja gerne glauben, aber …«. Versuche, alle Zweifel, die dein Ego dir bezüglich deiner dauernden Verbundenheit mit dem Himmel einreden will, auszuräumen. Dies geschieht durch das Gebet und in der aktiven Kommunikation mit den Engeln. So öffnest du dich für den Fluss großer Heilkräfte, die dich durchströmen und sich wiederum durch dich ausweiten können. Botschaften aus der Engelswelt erkennst du daran, dass sie dich mit großem Urvertrauen und Freude erfüllen und sich innerlich für dich stimmig anfühlen.

Indem du die Mitteilungen der Engel in deinen Alltag integrierst, wirst du Schritt für Schritt deine Gewissheit über deine Herkunft festigen. Du fühlst dich den Engeln sehr ähnlich und lebst wahrhaftige Beziehungen. Du weißt:

In meinem tiefsten Inneren bin ich ein Engel und werde immer seltener in mein Ego-Fettnäpfchen rutschen. Und wenn es doch passiert, dann schaue ich wieder, was es hier zu lernen und zu entdecken gibt, und kehre alsbald erleichtert, froh und neu gestärkt als Engel wieder zurück.

Wie gesagt: Es ist völlig menschlich, wenn sich das Ego bemerkbar macht. Entscheidend ist, wie lange du dich im Ego-Bereich bewegst, und das hängt von deiner Bereitschaft und der Achtsamkeit deiner Gedanken ab. Jederzeit kannst du den »Schalter« mit einem Gebet betätigen, und sofort steht dir der ganze Himmel mit Rat und Tat zur Verfügung. Du kannst deinen Ego-Ausflug demzufolge beliebig abkürzen und die eventuell gemachten Fehler wieder berichtigen.

2 **Überdenke die Eigenschaften deines Egos**
mit der Hilfe des Himmels:
Schaue dir nochmals an, was du bei der Übung unter »Lerne dein Ego kennen« notiert hast, und überlege, wie du dies alles ins Gegenteil umwandeln kannst.

Notiere dir die Antworten deiner Engel, die aus deinem Herzen in dein Bewusstsein kommen:

Was rät dir deine Engelsstimme?
Wie würde es dir gelingen, dich mit anderen Augen zu sehen?

Hilfreiches Gebet:
»Ich bin bereit mir selbst zu vergeben. Ich möchte jetzt in Frieden sein. Liebe Engel, helft mir!«

Vergebung heißt das Wundermittel, mit dem dein Ego durch deinen Engel durchlichtet wird und deine inneren Konflikte sich nun auflösen. Zu vergeben bedeutet, unwahre Gedanken loszulassen und sie heim, in die wahre Liebe zu bringen. Du heilst dich selbst.

3 **Untersuche den Inhalt deines heiligen Engelsgeistes.**

Bitte nimm dir einige Minuten Zeit, und notiere dir, was dein Engel dir sagt:

Wie denke ich als Engel über mich?
(positiv, liebevoll, mitfühlend, klar …)
Wie denke ich als Engel über andere?
Wozu sind meine Engelsgedanken gut?

Wie spreche ich als Engel über mich?
(anerkennend, den Selbstwert erhöhend, lobend, respektvoll …)
Wie spreche ich als Engel über andere?
Wozu sind meine Engelsworte gut?
Wie handle ich als Engel mir selbst gegenüber?
(In Übereinstimmung mit meinen Gedanken und Worten …)
Wie handle ich als Engel gegenüber anderen?
(Aufrecht und aufrichtig, verbindend …)
Was können meine Engelstaten bewirken?
(Heil und Segen verbreiten …)

4 **Wenn wir unser wahres Selbst ganz erkennen und annehmen, sind wir augenblicklich geheilt.**
Was möchte ich jetzt an mir mit liebevollem Blick betrachten und annehmen?
Was möchte ich jetzt an anderen mit liebevollem Blick betrachten und annehmen?
Möchte ich mich und andere ab sofort als Engel erkennen und annehmen?

5 **Spüre dich als Engel.**
   Wie fühle ich mich als Engel?
   (frei, geliebt, gelassen, glücklich, dankbar …)

6 **Danke für dein Engelsein.**
   Ich danke: für die immerwährende Hilfe in mir, für die ewige Liebe in mir, für den Frieden und die Fülle in mir, dafür, dass ich ein Engel bin.

   »Danke« ist das kürzeste Gebet. Es umfasst alles.
   »Danke für alles.«

7 Segnung:
»Wir sind reich gesegnet.
Liebe, Heil, Fülle und Frieden für uns alle.«

8 Lebe den Engel in dir:

Indem du gut zu dir selbst bist, trägst du dein Engelsein würdevoll nach
außen. Achte, ehre und liebe dich selbst wie auch deine Mitmenschen.
Dies verändert deinen Blick, und du siehst mit den Augen eines Engels,
hörst mit Engelsohren und sprichst mit dem Munde eines Engels.
Du bist ein wahrer Segen.

Die Ausrutscher, wo du wieder in deine alte Ego-Falle tappst, werden
seltener. Sie erscheinen dir jetzt massiver, weil du bewusster und feinfühli-
ger geworden bist. Das ist normal. Bleiben wir dabei. Üben wir uns darin,
gemeinsam den Engel in uns zu leben!

Ego-Gebete
oder Engelsgebete

Es ist sehr wichtig, Klarheit über das Gottesbild zu haben, das du im Herzen pflegst. Wie kann Gott erlebt und gespürt werden? Was sind göttliche Tugenden, an denen wir Menschen erkennen, die ihr Engelsein bewusst leben?

Da sich die Liebe auf Erden auf sehr unterschiedliche Weise, von niedrig bis hoch schwingend, zeigen kann, sind wir aufgefordert, so genau wie irgend möglich für uns zu definieren, wie sich Gottes Liebe anfühlt und zeigt.
Ich habe Gott als Alleinsliebe und pures Licht erfahren, als eine bedingungslose Liebe, die jeden und alles gleichermaßen liebt. Unendliche Liebe umfasst alles einheitlich.
Das bleibt auch so, wenn wir »Abkömmlinge des Himmels« einen Ausflug zur Erde machen. Angesichts der irdischen Polarität können wir Menschen göttliche Eigenschaften tief schätzen lernen. Wir können aber auch abwegige Gesetze schaffen und göttlich nennen, was Angst und Schrecken verbreitet. Jeder von uns trägt ein eigenes Gottesbild in sich, das sich aus gemachten Erfahrungen und Überlieferungen zusammensetzt und entsprechend weitergegeben wird. So geschieht im Namen Gottes viel Heil, aber auch viel Unheil, je nachdem, mit welcher Gesinnung und in welchem Bewusstsein der Mensch den Namen Gottes verwendet.

In früheren Zeiten war man der Meinung, sich einen Platz im Himmel erkaufen zu können. Indem man ihnen Angst machte, drohte oder dubiose Versprechungen vortrug, wurden die ungebildeten Menschen der unteren Schichten, die nicht lesen und schreiben konnten, in die Irre geführt. Aus der Furcht vor einem strafenden und richtenden Gott entstand ein Ego-Gottesbild. Opfer wurden erbracht oder Ablässe bezahlt, um Gott gnädig zu stimmen. Unglaube und Irrglaube machten sich breit.

Aber wer oder was ist Gott in Wirklichkeit?
Wer kann das wissen?

Das muss jeder für sich selbst herausfinden, das kann uns niemand abnehmen. Ich habe die Erfahrung gemacht, dass der Himmel für jeden nur in der ganz persönlichen Öffnung erfahrbar wird. Wir können hierbei unsere Meinung revidieren, unseren Glauben erneuern oder vertiefen – und uns selbst als Engel darin wiederfinden.

Oder: Wir verharren im Geisteszustand des Egos und beten, um Unheil über unsere Feinde zu bringen.

Ich bin froh, dass ich gelernt habe zu segnen, denn so konnte ich schon in manchen Situationen wenigstens in Gedanken von Herzen wünschen, dass sich eine Angelegenheit für alle Beteiligten zum Guten wendet.

Frieden ist nicht bei allen willkommen und wird oftmals abgewiesen. Gott wird dann für die haarsträubenden Umstände verantwortlich gemacht, die aber doch letztlich das Werk von Menschen sind. Andererseits wird der Name Gottes missbraucht, um in seinem Namen Kriege zu führen.

Seien wir wachsam dafür,
was wir als »göttlich« definieren möchten,
und was daraus entstehen kann.
Wir »ernten« oder erhalten, für das wir gebetet haben!

Immer wieder bin ich erschrocken, wie viel Hass in einem Menschen kraft seines vom Ego manipulierten Willens angestaut werden kann. Welche Früchte bringen solche Gedanken hervor? Fühle ich mich in der Gegenwart eines solchen Menschen wohl? Oder gehe ich in Resonanz und rüste mich innerlich ebenfalls zum Krieg? Oder fühle ich mit den inneren Qualen dieses Menschen mit und bitte für ihn um Heilung?

Eine Kriminalbeamtin war bei mir in der Heilerausbildung. Sie berichtete, dass sie im Laufe ihres Berufslebens gelernt habe, die Menschen nicht mehr in »Opfer« und »Täter« zu klassifizieren. Vielmehr wisse sie, dass jeder für seine Taten und Nichttaten die volle Verantwortlichkeit trage. Auch wenn ein Täter nicht gefasst werde, so würde er sicher auf anderer Ebene zur Rechenschaft gezogen. Wenn ich meine Verantwortung nicht für alle Ereignisse meines Lebens annehme, werde ich niemals ganz inneren Frieden spüren können.

Erst das Aussöhnen mit allem, was war und was ist, bringt das grandiose Gefühl echten Friedens.

Das Spiel von Opfer und Täter mögen wir ablegen und nur noch im Schöpferdenken weilen. Alles, was in meinem Leben geschieht, hat direkt mit mir zu tun, und es liegt in meiner Verantwortung, wie ich damit umgehe.

Sagen nicht viele Leute nach einem schrecklichen Ereignis: Jetzt habe ich aber einen großen Schutzengel gehabt. Es hätte noch viel schlimmer kommen können …
Andere wiederum sagen, dass sie so etwas niemals verdient hätten, und suchen nach Schuldigen und nach Vergeltung.

Durch die geistigen Lebensgesetze haben wir Engel auf Erden Spielregeln an der Hand, die für Ordnung und Ausgleich sorgen. Wir alle sollten diese natürlichen Gesetzmäßigkeiten studieren, um zu wissen, wie wir Gesundheit, Harmonie und Erfolg in unser Leben holen können.

Hierbei entdecken wir, was an echter Liebe in uns steckt und wie diese uns glücklich werden lässt. Ich bin unendlich dankbar, dass ich in diesem Glauben an das Gute verankert bin, der mir inneren Frieden schenkt. Mögen wir niemals Fluch, sondern immer Segen füreinander sein!

Gestalte dein Leben bewusst

Die Geistigen Gesetze als Spielregeln für das Leben

Wende dich bewusst den geistigen Lebensgesetzen zu, die für alle Lebewesen, Mensch und Natur auf dem Planeten Erde gleichermaßen gelten. Verstehe die Zusammenhänge, und mache dir hierdurch bewusst, warum es Leid auf dieser Welt gibt und erkenne, aus welchem Grund du eventuell leidest. Nutze dieses Wissen zu deinem höchsten Wohle, was immer auch allen anderen zugutekommt.

Allen Dingen, die sich in unserem Leben ergeben, haben wir zuvor bewusst, teilweise aber auch unbewusst (weil sie sich einfach so ergeben haben) zugestimmt. Nichts geschieht ohne Grund. Alles, was geschieht, lässt sich aus verschiedenen Blickwinkeln betrachten und verändern. Jeder ist der Schöpfer seiner ganz einzigartigen Welt und gestaltet dadurch auch das Weltgeschehen mit. Niemals sind wir ausgeliefert oder ohne Hoffnung. Das Leben ist kein Kampf. Wenn wir ganz bewusst die höheren lichten Kräfte in unser Spiel des Lebens einladen, sind wir auch in größten Herausforderungen gehalten und getragen. Weil wir selbst Engelwesen sind, streben wir nach Ordnung und nach Harmonie. Deshalb zeigt sich uns auf unserem Weg nach und nach alles, was in Unordnung oder Disharmonie ist, und bittet um Heilung. Dieser Vorgang der Klärung ist unser Heilungsprozess, bei dem uns verschiedene Hilfs- und Heilmittel zur Verfügung stehen.

Das bewusste Anwenden dieser geistigen Gesetzmäßigkeiten – vereint mit himmlischen Kräften – stellt quasi schon die Grundlage für die Praxis des geistigen Heilens dar. Das unsichtbare Geistige ist wissenschaftlich nicht zu erklären, zu messen, zu wiegen oder zu beweisen. Geistheilung ist mit dem Verstand nicht gänzlich nachzuvollziehen. Nur durch die Anwendung und die daraus folgenden Erfahrungen kann der Glaube an unsere ursprüngliche Weisheit und Heilkraft gefestigt werden. Früher wurde dieses spirituelle Wissen besonders von Kirche, Königen und Fürsten gehütet. Schon immer haben aber auch Heiler, Schamanen und Kräuterfrauen und -männer ihr Wissen weitergegeben. Heute ist der Beruf des Heilers anerkannt. Durch das große Angebot an spirituellen Büchern und Seminaren ist es vielen von uns möglich, die Bedürfnisse unseres Herzens zu stillen und unsere Berufung frei auszuleben – zumindest in den meisten europäischen Ländern. Wir haben Zugang zu einer einstigen Geheimlehre und trauen uns zu, im eigenständigen Kontakt mit dem Himmel zu sein – ohne Mittelsmänner oder -frauen, die uns Dinge vorschreiben wollen, uns dogmatisch belehren und in eine bestimmte Richtung drängen wollen.

Heute haben wir freien Zugang zu dieser einstigen Geheimlehre. Doch auch hier gilt es wieder zu beachten, dass im Grunde jedes der geistigen Gesetze zur Verstärkung des Egos oder zum Offenbarwerden unserer Engelsnatur angewendet werden kann.

In reiner Absicht angewendet, tragen diese Regeln zu einer harmonischen Lebensführung bei.

So kann im Grunde jeder
sein eigener Heiler, Beziehungscoach
und Erfolgstrainer sein.

Die Geistigen Gesetze

Wie wir die geistigen Gesetze in Bezug auf unseren Körper, unsere Beziehungen und unseren Erfolg heilbringend einsetzen können:

Das Gesetz der Analogie
oder das Gesetz der Entsprechung

Wie innen – so außen,
wie oben – so unten,
wie im Großen – so im Kleinen.

Wie innen – so außen:
Wer in der Engelsliebe erwacht ist, spricht über sie
und lebt im Einklang mit ihr.

Wie oben – so unten:
Wer wahrlich liebt, weiß um den Himmel auf Erden.

Wie im Großen – so im Kleinen:
Das gesamte universale Bewusstsein weilt in jedem kleinsten Teil.

Das Gesetz der Analogie
in Bezug auf den menschlichen Körper

In jeder Zelle wohnt die gesamte Weisheit und Heilkraft des Himmels. So unvorstellbar dies für unseren Verstand auch sein mag, umso wichtiger ist es, dies glauben zu können. Das Ganze ist in jedem kleinen Teil. Jede Zelle hat das gesamte Potenzial, von der Selbstzerstörung bis zur Selbstheilung, in sich. Jede Zelle weiß, wie sie wieder gesund werden kann und welcher Auftrag hinter einer Krankheit

steckt. Änderungen in der Denkweise – und dementsprechend in der Lebensführung – sind für die Gesundung unerlässlich. Auch hierbei spielt die Bereitschaft zur Vergebung wieder eine zentrale Rolle. Am einfachsten ist es, unsere
Engelsstimme zu befragen, und deren heilsamen Rat auszuführen. Wo dies nicht
geschieht, bleiben die Symptome des Körpers unverändert oder treten an einer
anderen Stelle erneut mit der Bitte um Veränderung und um Heilung auf.

Natürlich birgt jede Krankheit Lernerfahrungen auf vielerlei Ebenen. Krankheit
möge nicht als schlecht und Gesundheit als gut bewertet werden. Es ist, wie es ist,
und es ist gut so, wie es ist. Wenn es so nicht richtig wäre, wäre es anders. Aber
alles kann sich ändern, wenn ich diesen Wunsch in mir trage und verfolge.

Das Gesetz der Analogie
in Bezug auf unsere Beziehungen

Wenn reinste Liebe in mir ist, so erkenne ich dies Wunderbare auch in meinem Gegenüber, in den Blumen, der ganzen Natur, meiner Wohnung …
ja, in wirklich allem, was mich umgibt. Wenn ich verstanden habe, dass reinste
Liebe in mir und um mich herum ist, dann kann ich dies auch immer mehr erkennen. Wenn ich nicht in der Liebe bin, so ändert das nichts am grundlegend
Guten in jedem von uns.

Vollkommenheit ist hier und überall.

Auch in meinem Partner, meinen Eltern, meinen Kindern oder den Arbeitskolle-
gen ist das Perfekte, grundlegend Gute angelegt. Konzentriere ich mich auf diesen
Teil, so komme auch ich immer mehr in diesen Zustand der alles umfassenden
Liebe. Konzentriere ich mich hingegen permanent auf das Unvollkommene, so
lasse ich den Engel in mir außen vor. Ich kritisiere, beurteile, was meiner Meinung nach nicht in Ordnung ist, und biete meinem Gegenüber somit an, mit mir
in Resonanz zu gehen und meine nörgelige, depressive Stimmung entsprechend
zu teilen.

Wenn wir uns aber immer wieder daran erinnern, dass in jedem von uns das Heilige weilt, dann können wir mit jedem Menschenengel glücklich sein und durch unser gegenseitiges Wohlwollen den Engel in uns noch mehr hervorbringen.

Das Gesetz der Analogie in Bezug auf meinen Erfolg

Wenn ich mich nicht wertvoll fühle, habe ich mich noch nicht vollends erkannt. So wird sich mein Mangel an Selbstwert auch auf Gedanken über mein »Vermögen« auswirken. Indem ich meine Talente allesamt dem Gemeinwohl zur Verfügung stelle, komme ich zu großem Wohlstand. Nur wenn ich meine Gaben nutze und Gutes tue, bin und bleibe ich reich. Wobei ich Reichtum hier nicht auf Vermögen beziehen will: Ich kann sehr viel Geld besitzen und mich dennoch immerzu arm fühlen. Umgekehrt kann ich gemessen an meinem Besitz »arm« sein und mich dennoch äußerst wohlhabend fühlen. Unabhängig von äußeren Faktoren bin ich stets reich an inneren Werten. Doch was mache ich aus meinem mitgebrachten inneren Schatz? Lasse ich meine Gaben brachliegen, oder nutze ich sie und werde zum leibhaftigen Engel auf Erden?

Mein wahrer Reichtum sind die Tugenden und Charakterstärken, die ich im Laufe meines Lebens entwickelt habe. Jede gute Tat ist wie fließende Liebe, die sich durch mich ausbreiten konnte. Das ist mein Erfolg. Beim Ablegen meines Körpers werde ich einst alle Kostbarkeiten, die in meinem Geiste hell leuchten, mitnehmen können, während der materielle Besitz zurückbleiben wird. Auch in geistiger Hinsicht möchte ich ein Erbe hinterlassen, das hoffentlich allen dienlich ist.

Reich ist, wer den Engel in sich liebt
und ihm die Möglichkeit gibt,
durch sich zu wirken.

Das Gesetz der Resonanz oder der Anziehung

Gleiches gesellt sich zu Gleichem.
Was strahle ich aus?

Wir ziehen das an, was wir bewusst wie auch unbewusst denken, fühlen und somit auch leben bzw. ausstrahlen. Unsere Gedanken spiegeln sich in uns und um uns herum. So schwingen mein Körper, meine Beziehungen und mein ganzes Umfeld auf der Ebene meiner inneren Überzeugungen und Glaubensmuster. Wenn ich etwas ändern möchte, kann ich jetzt damit beginnen, indem ich neue Resonanzen aufbaue.

Das Gesetz der Resonanz in Bezug auf meinen Körper

Ist mein Körper krank, so hege ich Gedanken, die mich erkranken ließen. Bitte ich um Heilung, so lade ich heilende Gedanken ein, die mir und meinem Körper guttun. Nach überstandenen Kinderkrankheiten ist meist ein enormer Entwicklungsschub zu beobachten. So ist es auch bei uns Erwachsenen: Durch das Erleiden bzw. Überwinden körperlicher Beschwerden können wir reifen und unsere Schwingung in eine angestrebte Richtung verändern. Wer allerdings in seiner Krankheit verharrt und an seiner Denk- und Lebensweise nichts ändert, der bleibt in Resonanz mit dieser Krankheit. Wer gesund werden möchte, muss sich auf das Ziel »Gesundheit« ausrichten und hierfür Verantwortung übernehmen. Vitalisierende Denkprozesse durch achtsame Gedanken (das heißt, Ego-Gedanken zu erkennen, zu vergeben und sie konsequent durch positive, heilende Gedanken zu ersetzen). Das energetisiert unseren Körper enorm. Dr. Masaru Emoto hat mit seinen Fotos von gefrorenen Wasserkristallen gezeigt, was Gebete, Affirmationen und Musik bewirken können. Wenn wir uns vorstellen, dass wir zu mind. 70% aus Wasser bestehen, so können wir uns ausmalen, wie schön uns helle Gedanken machen und wie wir richtig zu leuchten beginnen. Diese Verwandlung beginnt in unserem Geist und zieht so seine Kreise, dass wir beispielsweise mehr auf eine ausgewogene, gesunde Ernährung und ausreichende Bewegung achten. Geistiges Heil wird offengelegt und ausgelebt, wodurch nebenher Süchte überwunden werden können. Immer mehr scheint das Seelenlicht durch den Körper. Die Resonanz zum Licht ist offensichtlich. Wir beginnen wieder, wie einst zu strahlen.

Das Gesetz der Resonanz in Bezug auf meine Beziehungen

Die Qualität der Beziehung, die ich zu mir selbst habe, spiegelt sich in meiner Umgebung und in den Beziehungen rings um mich herum. Wenn ich mich ändere, so verändert sich auch meine Umgebung. Das kann dann allerdings auch bedeuten, dass bestimmte Menschen, deren Einstellungen und Lebensweisen nun von meinen Idealen abweichen, sich für kurze oder für längere Zeit aus meinem Kreis verabschieden. Das mag sich nun so anhören, als ob wir schnell mal unsere Partner austauschen sollten, wenn wir uns doch so toll verändert haben. Die neue Lebenseinstellung kann sich ganz plötzlich einstellen, doch sie muss auch im Alltag umgesetzt, gelebt werden. In diesem Prozess haben dann unsere Lieben rings um uns herum noch genügend Zeit, mitzuwachsen. Oder vielleicht verrennen wir uns auch in allzu viele gute Ideen und Ratschlägen für andere und werden dann irgendwann nicht mehr ernst genommen. Authentisch zu leben, was wir sagen, ist wichtig. Mit Freunden oder Angehörigen, in deren Konzept wir dann nicht mehr passen, ergeben sich weniger Kontakte. Wir werden zu neuen Begegnungen geführt, zu Menschen, die ähnlich schwingen – sei es in der Familie, am Arbeitsplatz, in einem Verein oder in der Kirchengemeinde …

Herzlichkeit zieht Herzlichkeit an.
Mein derzeitiger Partner ist mein Spiegelbild.
In jeder Beziehung habe ich daher die Möglichkeit,
mich selbst zu erkennen und weiter zu wachsen.

In die wahre Liebe zurückgekehrt, sind wir mit allen herzlich verbunden.
In einem gut geerdeten Wandlungsprozess, der darin besteht, dass ich immer mehr authentisch lebe und meine geistigen Gaben umsetze, verändern und heilen wir uns Stück für Stück. Wie ich mich ändere, so ändert sich auch die Sicht auf meine Lieben rings um mich herum. Wer sich aufrichtig seinem spirituellen Wesen, dem inneren Engel, zuwendet, muss keine Angst vor Trennung oder Scheidung haben. Ganz im Gegenteil: Verbinden statt zu entzweien ist der Grundsatz aller irdischen und himmlischen Engel.

Es ist äußerst wichtig, meine neuen Ansichten, die mir geschenkten Weisheiten und heilvollen Erfahrungen zu teilen. So gebe ich meinen Mitmenschen die Möglichkeit, mit mir zu wachsen und mir ihre Wahrnehmungen mitzuteilen. So helfen und heilen wir einander im liebevollen, harmonischen Miteinander. Wir erschaffen hiermit ein Feld, das den Körper mit Lebenskraft und Lebensfreude füllt. Die Aura erstrahlt in brillantem Licht. All das ist möglich, weil wir über unser feinstoffliches Energiefeld in ständigem Kontakt zu unseren Mitmenschen stehen. Menschen, die den Engel in sich leben, haben ein ganz besonderes Charisma. Sie ziehen sich gegenseitig an und wirken auch auf »normale« Menschen, die noch im Ego verhaftet sind, sich aber für die Liebe öffnen, wie ein Magnet.

Das Gesetz der Resonanz in Bezug auf meinen Erfolg

Wenn ich finanziell oder in Bezug auf Erfolg derzeit Mangel leide, dann liegt das sicher daran, dass meine Gedanken um das Thema »Zuwenig« kreisen, ich demzufolge in Resonanz damit bin. Dies kann und muss ich sofort ändern, wenn sich mein Kontostand erhöhen oder mein beruflicher Erfolg steigen soll. Ein Sprichwort sagt: »Ändere deine Gedanken, und es ändert sich dein Leben.«
Es spielt keine Rolle, wer uns in der Vergangenheit diese Mangelgedanken eingeimpft hat. Dem Engelsgeist entstammen sie jedenfalls nicht, denn hier, im Reich

der Engel, herrscht Fülle pur. Grundsätzlich ist es wichtig, wirklich wohlhabend und erfolgreich sein zu wollen und auch bereit zu sein, selbst aktiv dazu beizutragen. Wer sich für die Fülle entscheidet, kann sie für sich realisieren. Ein Engel ist immer reich, denn er hat das volle Bewusstsein über sein Selbst. Das Ego möchte uns einreden, wir seien nicht gut genug, Geld sei schmutzig und Reichtum unspirituell. Diese Glaubensmuster gilt es zu durchschauen und fallen zu lassen. Der Gedanke, ein Engel zu sein, erhöht mein Selbstwertgefühl, mein Selbstbewusstsein und meine Selbstachtung. Und somit kann auch meine Beziehung zum Geld »heil« werden. Wenn ich in der Lage bin, zu geben, andere zu beschenken, dann gibt mir das ein Gefühl der Fülle, des Überflusses. Indem ich gebe, werde ich reich beschenkt.

Vor Kurzem las ich in der Zeitung, dass die Menschen in Baden mit zu den glücklichsten in Deutschland zählen, weil hier die Arbeitslosenquote niedrig und das Einkommensniveau hoch ist. Es erzeugt bei vielen Menschen Stress und Unzufriedenheit, wenn sie mit dem verfügbaren Einkommen nicht auskommen. Es gilt nach wie vor, dass Geld allein nicht glücklich macht – aber es lässt einen gelassener in die Zukunft blicken.

Geld ist Liebe und kommt zu den Menschen, die das Geld gerne haben und mit Freude in der von ihnen gewünschten Fülle leben. Hauptsache, ich fühle mich reich und bin mit mir und meinem Leben zufrieden, bin dankbar für das, was ich habe, und gönne den anderen ihren Wohlstand, wie groß er auch sein mag.

Wenn sich eine Ebene in mir verändert,
so verändern sich alle Ebenen.
Heile ich die Sicht auf meinen Körper, werden
auch meine Beziehungen
und meine finanzielle Situation heil.

Ich muss in die Resonanz zu Gesundheit, Glück und Wohlergehen einwilligen. Das mag auch heißen, dass ich die Bequemlichkeitszone verlasse und mein Leben in die eigenen Hände nehmen muss. Der Gewinn ist nicht in Worte zu fassen. Engel und Fülle sind eins. Alles liegt in dir. Herzlichen Glückwunsch!

Das Gesetz von Ursache und Wirkung oder das Gesetz von Saat und Ernte

Gedanken manifestieren sich.

Sobald ich etwas tue, setze ich damit eine Ursache – und werde eine dementsprechende Wirkung erzielen.
Säe ich viel, ernte ich viel. Säe ich wenig, ernte ich wenig. Welche Aktivität (Ursache) bringt mich zum gewünschten Ziel? Auf welchem Ackerboden gedeiht mein Gedankensame, der mir zur süßen Frucht werden soll? Auf dem Grunde meines Egos sicherlich nicht zur vollen Zufriedenheit.

Zuerst entspringt der Gedanke, dann das Wort und schließlich die Tat. Jeder Erfolg und jeder Streit beginnt im Kopf. Ich muss sehr aufmerksam mit meinen Gedanken umgehen, denn ich erhalte, was ich »bestellt« habe. Meine Gedanken können Wirklichkeit werden. Mein Leben liegt in meinen Händen. Ich bin frei, zu wählen und die Verantwortung für mich und mein Leben zu übernehmen. Ganz bewusst gestalte ich so mein Dasein und schreibe das Drehbuch meines Lebensfilms.

Ich brauche »nur« Geduld und Beharrlichkeit, um den neuen, förderlichen Gedanken genügend Energie und Glaubenskraft zu geben, damit diese sich zeigen bzw. Realität werden können.

Gleichermaßen verhält es sich mit schwächenden Gedanken. Diese gedeihen und formen sich nach dem gleichen Prinzip. Wenn wir bedenken, dass wir täglich nur einen sehr geringen Anteil an bewusst positiven Gedanken in die Zellen unseres

Körpers und an unsere Mitmenschen aussenden, so können wir dankbar dafür sein, dass es uns noch so gut geht. Dies haben wir der grundlegend heilsamen Schwingung zu verdanken, die in uns, in der Natur, ja, in der gesamten Schöpfung wirkt. Diese Heilsquelle strömt beständig und fördert uns, ohne dass uns dies bewusst ist.

Öffnen wir uns diesem Segensfeld, können Fügungen und Wunder geschehen. Der Himmel ist immer nur einen Gedanken weit entfernt. Ihn zu bejahen, ist unsere tägliche Aufgabe, um im Fluss der Fülle und der reinen Liebe zu bleiben.

In jedem Anfang liegt ein Zauber, der sich entfalten möchte. Dem Gesetz von Ursache und Wirkung zufolge ist es deshalb ratsam, neue Lebensabschnitte wie Geburt, Einschulung, Schulentlassung, Heirat, Geschäftseröffnung, Jubiläen und/ oder ähnlich wichtige Ereignisse gebührend zu feiern. Aber im Grunde hat es jeder Tag verdient, einer der schönsten in meinem Leben zu werden, selbst einmal mein Abschiedstag von dieser Inkarnation. In diesem Bewusstsein durch das Jahr zu gehen, lässt jeden Tag zu einem Fest der Liebe und des Dankes werden.

Das Gesetz von Ursache und Wirkung in Bezug auf meinen Körper

Positive Gedanken erzeugen positive Gefühle, und diese versorgen den Körper mit positiven Informationen. Mit negativen Gedanken verhält es sich entsprechend.

So spiegelt mein Körper die Gedanken, die ich in der Vergangenheit bewusst wie auch unbewusst in mir beherbergt habe. Dies soll nicht so verstanden werden, als ob Krankheit eine Strafe ist, sondern die Symptome unseres Körpers geben uns Hinweise auf Unstimmigkeiten oder bieten die Gelegenheit, uns mit anstehenden Entscheidungen aktiv auseinanderzusetzen. Krankheit macht ehrlich, denn wir können bestimmte Dinge nicht mehr verdrängen oder verheimlichen. Somit kann sie eine Hilfe sein, den Lebensweg zu korrigieren und zu optimieren.

Wenn ich positive und damit heilsame Gedanken in die Zellen und Organe meines Körpers sende, setzt ein Wandlungsprozess mit entsprechenden Erkenntnissen ein, sodass Heilung geschehen kann. Mit Aufmerksamkeit sollte dieser neue »Same« des positiven Denkens täglich getränkt werden und einen festen Platz im Alltag bekommen. Mit förderlichen Affirmationen und Gebeten wächst und erweitert sich das Bewusstsein und wird auch offener für das Thema »Gesundheit«. Wer die Engel in die Heilung des Körpers mit einbezieht, kann wahrlich voller Hoffnung und Zuversicht in die Zukunft blicken.

Bereits beim Beten breitet sich ein Wohlgefühl im Körper aus. Viele lichte geistige Helfer sind an meiner Seite und können mich unterstützen. Arzt, Heiler, Heilpraktiker oder Therapeuten unterstützen den Gesundungsprozess auf der körperlichen Ebene durch das Verabreichen von Medikamenten, Therapien o. ä.. Das Einnehmen von Medikamenten, das Verbinden, Einreiben, Einrenken setzt Ursachen auf der physischen Ebene. Energetische Heilweisen arbeiten mit Klang, Hypnose, Kinesiologie, systemische Aufstellungen, Lebensberatung, Gebet, Handauflegen u.v.m. Ein Geistheiler nutzt den heilenden Engelsgeist, der in ihm wirkt, und lädt den Klienten ein, diesen in sich selbst wieder zu aktivieren. Das sind die besagten inneren Selbstheilungskräfte, die »nur« wieder bewusst gemacht werden müssen. Die Behandlungsmethode ist nicht ausschlaggebend, wohl aber die Hingabe an die innere Führung, die der Heiler im Engelsgebet für sich und seinen Klienten erhält. Positive, hoch schwingende und somit reinste Gedanken erzeugen ein Feld ansteckender Gesundheit, in das der Klient regelrecht eintauchen und somit genesen kann.

Die Gebetsheilung ist eine Heilmethode, die schon seit frühesten Zeiten praktiziert wird. Das Gebet ist das geistige Heilungselixir, das nichts kostet und das wir immer aktivieren können.
Dauerhaft könnten wir gesunden, wenn wir die schwächenden Gedanken gänzlich eliminieren und durch kräftigende ersetzen würden. Spontanheilungen geschehen meist bei jenen, die zu einem plötzlichen Geisteswandel bereit sind.

Ein Klient kam zu einer Wirbelsäulenausrichtung zu mir. Aufgrund zweier Bandscheibenvorfälle hatte er derartige Schmerzen, dass er sich innerlich schon zu einer Operation entschlossen hatte. Er dachte, das geistige Heilen könne nicht schaden. So erklärte ich ihm die Zusammenhänge zwischen den zwei Stimmen in uns und sprach auch über die Wunderkraft der Vergebung. Seine Frau war fremdgegangen, und er litt unsagbar darunter. Doch er war bereit zu vergeben, da er sie aufrichtig liebte. Nach der Heilmeditation legte ich ihm die Hände auf seine Wirbelsäule und bat zum Abschluss noch seinen Schutzengel um ein Botschaft. Fast im selben Moment kehrte Ruhe in diesem Mann ein. Er war tief ergriffen und berührt im Herzen. Lächelnd verabschiedete er sich von mir und bemerkte erst zu Hause, dass er keine Rückenschmerzen mehr hatte. Fortan trainierte er seinen Körper mit Bedacht, und auch in seiner Ehe wurde er wieder glücklich.

Eine andere Frau nahm an einem Seminar teil und bemerkte am nächsten Tage, das ihre Augenentzündung völlig ausgeheilt war. Ich kann mir das nur so erklären, dass sie in diesem Seminar so viele Einsichten mitnahm, dass aus einer schmerzhaften Sicht eine heile wurde.

In den meisten Fällen schreitet die Heilung jedoch stückweise voran. Das erneute Auftreten einer scheinbar überwundenen Krankheit kann darauf hindeuten, dass ein Zurückfallen in alte Denkmuster stattgefunden hat. Dies bietet dann jedoch eine erneute Chance, eine Lektion in der Schulung des Bewusstseins zu erhalten. Bei all dem darf jedoch nichts verallgemeinert werden. Kein Kranker – vor allem, wenn es sich um chronische oder lebensbedrohliche Krankheiten handelt, – möge sich angegriffen fühlen. Alles folgt einem übergeordneten Plan oder dient einem bestimmten Zweck, der darauf abzielt, wieder ganz und heil zu werden. Manchmal ist auch der Tod die Heilung. Jeder Mensch ist in der einen oder anderen Form verwundet. Alle sind wir auf dem Heilungsweg. Keiner ist verloren, – denn wir sind alle eins.

Das Gesetz von Ursache und Wirkung in Bezug auf Beziehungen

Anklagende oder Schuld zuweisende Gedanken können Kränkung, Feindschaft oder gar einen Krieg auslösen.

Aus liebevollen Gedanken wird ein stärkendes, freudiges Miteinander geboren. Aus verzeihenden Gedanken entfaltet sich Frieden.

Keiner von uns ist vollkommen. Es gibt keine perfekten Eltern, keine perfekten Kinder und somit auch keine perfekte Familie. Als Familie zusammenzuleben, birgt enormes Lernpotenzial in sich und ist wie das Salz in der Suppe des Lebens.

Wir lernen voneinander und miteinander. Es ist spannend, die geistigen Gesetze auch hier ganz bewusst einzusetzen. Lobe ich meine Lieben viel, so motiviere ich sie auch und darf davon ausgehen, ebenso Anerkennung zu bekommen. Nörgle ich viel, so finden auch die anderen Grund, an mir herumzunörgeln. Jammere ich gerne, bekomme ich auch immer wieder Grund zum Jammern, weil ich die Welt irgendwann nur noch durch die Negativbrille sehe. Ich rufe aus und erhalte das entsprechende Echo. Ich kann auf einen Angriff mit Gegenangriff reagieren – oder eben gelassen bleiben. Sobald Ärger in mir aufsteigt, weiß ich, dass ich gerade selbst bedürftig in meinem Ego bin. Wie lange wir das Angriff-Verteidigungs-Spiel mit Opfer und Täter praktizieren wollen, bleibt uns überlassen. Es gibt immer einen anderen Weg. Gerade in engen Familienverhältnissen sind Strukturen oft eingefahren und schwierig zu definieren. Wer aber ein glückliches Miteinander leben möchte, muss ehrlich und aufrichtig zu sich und zu seinen Lieben sein. Gemeinsam möge die beste Lösung für alle gefunden werden. Da aber manche Dinge im täglichen Zusammenleben nicht immer zu durchschauen oder genau zu überblicken sind, bitte ich oft die Engel um Rat.

Wenn ich in einer Situation nicht weiterweiß, begebe ich mich innerlich in das hellste Licht, spreche ein Gebet, einen Hilferuf oder einen Segen – und förderliche Energien dürfen endlich wirken. Doch auch hier gilt wieder, dass wir sehr genau

darauf achten müssen, was wir in Bewegung setzen: das Ego oder den Engel in uns. Wenn wir jemanden manipulieren und in eine bestimmte Richtung verändern oder drängen wollen, bedienen wir uns dunkler Ego-Magie und verlieren das Licht aus den Augen.

Engelsgebete sind frei von Bewertung und lassen den Dingen oft einfach ihren Lauf, um das Allerbeste hervorzubringen. Dies ist oft weit mehr, als wir uns je hätten vorstellen können. Warum sollten wir uns beschränken? Wer Engel um Heil und Segen bittet, der wird mit göttlichen Gaben überschüttet.

Mögen unsere Gebete uns zur bedingungslosen Liebe befähigen, in der es weder Urteil noch Schuld gibt.

Wir sind in einer Welt groß geworden, in der es üblich ist, einander zu beurteilen und schuldig zu sprechen. Diese Lebenseinstellung abzulegen, ist nicht einfach, da die meisten Menschen so konditioniert sind und diese Gedankenenergie im kollektiven Bewusstsein kreist. Doch genauso hat jeder Mensch die Möglichkeit, sich wieder für die bedingungslose Liebe zu öffnen. Dies ist die höchste Form der Liebe. Von dieser göttlichen Liebe erzählen alle himmlischen Engel. Durch die vielen Engelsbotschaften, die ich für mich selbst und für Klienten empfangen durfte, habe ich Einblick in diese Seinsform der Alleinsliebe bekommen. Sie erweitert sich mit jeder Zwiesprache mit dem Himmel mehr. Hierfür bin ich sehr dankbar.

Wer mit Engeln in Resonanz ist,
der ist in Resonanz mit dem Thema der bedingungslosen Liebe.
Engel sind Liebe pur.
Stück für Stück erkennen wir Menschen uns darin wieder.

 ### Glücksbringer: Die Vergebung

Wer in Harmonie leben möchte, sollte lernen, aufrichtig zu vergeben. Weil in uns Menschen immer noch einmal der eine oder andere Ego-Gedanke auftaucht, gibt es immer wieder einmal Anlass, die heilende Vergebungskraft einzusetzen.

Da wir unser Ego nun besser kennengelernt haben und jetzt freiwillig nicht mehr so lange leiden möchten, wenn wir uns im Ego aufhalten, kommt uns nun immer schneller der Wunsch nach Frieden in den Sinn.

Wie ein Scheibenwischer schwanken wir immer wieder hin und her zwischen unserem Ego und unserem Engel.

Mit fortschreitender Achtsamkeit, Weisheit und Reife verändert sich das Intervall des Scheibenwischers. Wir verharren nur noch selten im Ego, weil wir die bedingungslose Liebe so sehr lieben. Wir kehren kraft unseres Willens durch ein Vergebungsgebet, durch das Danken oder Segnen schnell wieder in unser Engelsein zurück.

Die Saat ist der Friedenswunsch, die Vergebung das Hilfswerkzeug, und die Ernte ist innerer Frieden. Beim Vergeben wird nicht um das Rechthaben gekämpft, sondern in das Glücklichsein eingewilligt.

Ich regle meine Angelegenheiten immer so bald wie möglich. Spätestens abends, vor dem Einschlafen, gehe ich noch einmal den Tag durch und vergebe mir und anderen, um eine gesegnete Nachtruhe zu genießen und damit meine Selbstheilungskräfte mit voller Kraft wirken können.

Das Gesetz von Ursache und Wirkung in Bezug auf Erfolg

Wie schon erwähnt, bin immer ich selbst derjenige, der Mangel durch Mangeldenken hervorruft. Niemand ist für meine Gedanken verantwortlich, nur ich alleine.

Wenn ich in der Vergangenheit schon einmal Mangel erfahren habe und hieraus ein verletztes inneres Gefühlskind entstand, das Angst hat, zu wenig zu bekommen bzw. unter Existenzängsten leidet, so kann dies auf der anderen Seite dazu führen, dass ich nie genug bekomme, wie sehr mein Wohlstand auch anwachsen

mag. Die Angst vor Mangel bleibt bestehen, bis ich mich wieder entscheide, mich bewusst und vertrauensvoll dem Fluss des Lebens anzuschließen und tatkräftig für mich und meinen Erfolg einzustehen – oder z. B. lerne, die Rente oder Pflege in Dankbarkeit anzunehmen.

Eine negative Einstellung zum Tauschmittel Geld verhindert regelrecht, dass ich zu Erfolg und Wohlstand kommen kann. Eine Ablehnung der Fülle birgt meist einen geringen Selbstwert in sich.

Dies muss nicht so bleiben. Durch Dankbarkeit für das, was jetzt ist, durch die innere Akzeptanz der Fülle und durch Arbeit, die Spaß macht und Gutes bewirkt, kann Wohlstand verwirklicht werden. Es gibt immer einen Zusammenhang zwischen dem, was war, und dem, was kommt. Zufälle gibt es nicht. Ein Zufall ist ein nicht erkannter Zusammenhang zwischen Ursache und Wirkung. An den Früchten erkennen wir unser wahrhaftes Bemühen. Es lohnt sich wirklich, auf seine Gedanken zu achten, sie zum Positivsten hin zu lenken und dies immer wieder freudig zu wiederholen, bis sie in Fleisch und Blut übergegangen sind. Das erfordert Praxis und Durchhaltevermögen. Schaue doch einmal in dein Leben zurück und versuche, das Gesetz von Ursache und Wirkung zu erkennen.

Das Erbe unserer königlichen Abstammung als Kinder Gottes berechtigt uns zu Reichtum. Jeder darf in Fülle leben. Für den einen mag es ausreichend sein, genug zu essen und eine warme Wohnung zu haben, der andere möchte im Luxus schwelgen. Nur wer anderen das Beste gönnt, zieht dies auch für sich selbst an. Auch hier, wenn es um Erfolg und Wohlstand geht, beginnt alles mit einem einfachen Gedanken:

»Ja, ich möchte in allen meinen Unternehmungen
erfolgreich sein.
Ich verdiene das Allerbeste.«

Mit Fleiß, Beharrlichkeit und Ausdauer werde ich den entsprechenden Lohn erhalten. Wenn ich noch nicht zufrieden bin, muss ich mich beharrlich für mein Wohlergehen einsetzen, mich fortbilden, die Arbeitsstelle wechseln oder mich selbstständig machen. Es liegt in meiner Hand, welchen Lebensstandard ich anstrebe, und dieser muss von niemandem beurteilt werden. Schon allein, seine Ziele zu definieren und die Gedanken ins morphogenetische Feld auszusenden, erzeugt Schwingungen, um die Dinge in die entsprechende Richtung zu lenken. Wer seine Vision zu einem befriedigenden Prozentsatz erreicht hat, der ist auf einem guten Weg und kann mit weiterem Engagement und konstanter Ausdauer bald noch mehr erreichen. Seine Ziele in den Bereich des scheinbar Unmöglichen zu verlegen, ist ein weiterer Schritt, der mit Bedacht und voller Vertrauen ausgeführt werden möchte. Hier öffnet sich der Mensch noch tiefer für die göttliche Allmacht und ist somit bereit für Unberechenbares und Unvorstellbares. Voller Vertrauen gibt der Mensch sein Bestes und ist in der Lage, über sich hinauszuwachsen. Mit einer falschen Erwartungshaltung gelingt dies jedoch nicht. Wenn ich den Menschen, denen ich diene oder meine Dientsleistung anbiete, mit tief empfundener Dankbarkeit, echter Demut und großer Wertschätzung entgegenkomme und Hilfreiches anbiete, werde ich ebenso reich beschenkt. Getauscht wird Liebe, die wir in materieller Form mit Naturalien oder mit Geld ausgleichen. Da wahre Liebe kein Maß kennt, kann der Lohn durchaus jenseits unserer Vorstellungen liegen. Es ist nicht immer gesagt, dass ich genau von demjenigen das Gleiche zurückbekomme, was ich ihm gegeben habe. Vielmehr sollten wir darauf vertrauen, dass sich alles irgendwie – aus welchen Quellen auch immer – ausgleicht.

Bin ich mit diesen Zusammenhängen vertraut, kann ich beruhigt aufhören, um bestimmte Dinge zu bitten. Die Gewissheit ist nun in mir, dass ich immer genug haben werde, weil alles in mir ist. Ich kann geben, ohne Angst haben zu müssen, selbst zu kurz zu kommen. Ich gebe nicht mehr, um etwas zurückzubekommen. Vielmehr gebe ich, weil ich meine innere Fülle bejahe und mir ihrer bewusst bin, solange ich gebe. Die folgenden geistigen Gesetze bekräftigen diese Aussage.

Bete, danke, und segne.

Wenn du mit Herz und Verstand betest, dankst oder segnest, setzt du lichtvolle Ursachen. Freue dich auf die lichtvolle Wirkung, die daraufhin zu dir zurückfließen wird!

Das Gesetz des Betens oder des Glaubens: Mir geschieht nach meinem Glauben

Glaube und Gebet stehen in unmittelbarer Verbindung und gehören zusammen. Das Gebet ist innere Medizin. Jeder, der glaubt, betet auch. Mit dem Samen unseres Gebets laden wir Wunderbares in unser Leben ein. Doch sei auch beim Beten achtsam:

Bete ich zu meinem Ego, wird auch »nur« mein Ego antworten und Entsprechendes hervorbringen.

Lade ich ganz bewusst die himmlischen Engel oder meinen inneren Engel in mein Gebet ein, und trage ihnen oder ihm meine Anliegen vor, so wird mir auch die engelhafte Stimme Rat und Hilfe geben. Dies geschieht in der einfachen Anrufung wie z. B:

»Liebe Engel, helft mir.«

Ein Gebet ist sozusagen die Übergabe eines tiefen Wunsches an den Himmel. Wir beten für uns und – mit möglichst echter Anteilnahme und aufrichtigem Mitgefühl – für andere. Das Gebet muss dem Innersten des Herzens entspringen. Wir beten für den Frieden, um Heil und Segen zu erhalten oder bitten um Erkenntnis und Führung. Bitte ich einfach nur darum, dass das geschieht, was für mich oder die Situation richtig ist, weil es in Übereinstimmung mit dem Willen meiner Seele und somit mit meinem ursprünglichen Lebensplan ist, so wird es sich sicher erfüllen.

Der Wille meiner Seele ist stets in Übereinstimmung mit dem Willen Gottes, der immer das Allerbeste für mich vorsieht.

»Liebe Engel, ich bitte um das Richtige für mich.
Führt mich, und lasst es mich erkennen. Ich bin bereit.
Ich danke, glaube und vertraue.«

Ein Gebet, das nicht von Herzen, sondern vom Ego kommt, bittet um ganz Konkretes, und kann auch manipulativ sein oder anderen schaden. So viele Wünsche gilt es abzuarbeiten oder ihnen nachzujagen. Kaum haben wir uns einen Wunsch erfüllt, so klopft schon der nächste an. Wir fixieren uns auf eine ganz bestimmte Sache oder Eigenschaft und schränken damit die grenzenlose Fülle eines Engels ein. Wenn wir etwas ganz Bestimmtes erflehen, z. B einen Geldbetrag oder die Heilung eines Organes, zeigt das, dass wir der Welt des Mangels noch nicht ganz entronnen sind. Uns fehlt noch die große Übersicht, dass alles mit allem zusammenhängt.

Würden wir darum beten, mit bestimmten Gegebenheiten in unserem Leben oder unseren Krankheiten in Frieden zu kommen, könnte sich aus diesem Zustand heraus Heilung im Gesamten vollziehen.

»Liebe Engel, helft mir. Ich möchte jetzt in Frieden sein.«

Zweifel an der Erfüllung des Gebetes zeugen von einem Zweifel an uns selbst. Wir bezweifeln dann ja, dass wir jetzt wirklich mit dem Himmel verbunden sind. Das ist so, als würde der Bauer dem Samen erst bei der Ernte trauen. Der aus dem Ego kommende Zweifel verhindert den echten Glauben.

Jedes Gebet wird sofort erhört und bestmöglich zum richtigen Zeitpunkt beantwortet.

Im Gebet streben wir die Ausbildung von Tugenden an. Je mehr mein Vertrauen wächst, desto weniger Ängste habe ich. Das bereichert mich in meiner Lebensentfaltung enorm. Immer, wenn ich im Gebet die Engel um Führung und Rat

bitte, erlange ich eine befreite Sichtweise, die mich aus den Verstrickungen meines Egos löst. Engel verlangen von uns keine Opfer, sie kontrollieren nicht und befehlen uns nichts. Sie helfen uns, wieder mit unseren eigenen Engelsaugen ungelöste Konflikte oder auch unsere bisher unerfüllten Herzenswünsche anzuschauen und neue, wichtige und richtige Schritte hin zu einem glücklichen Leben zu tun.

Immer haben wir die freie Wahl, ob wir die in unserem Inneren empfangenen Inspirationen umsetzen. Doch nur so können wir die Erfolge auch sehen und erleben.

Wer am eigenen Leib erfahren hat, dass Gebete geholfen haben, der dankt von ganzem Herzen – und glaubt.

Viele positive Gebetserfahrungen stärken unseren Glauben. Es gibt keine andere Instanz, die ein Gebet ablehnt oder zulässt. Immer bin ich es selbst, der für die Erfüllung meiner Gebete die Verantwortung trägt. Die himmlischen Helfer begleiten und unterstützen uns, doch sie führen keine Gebete aus. Durch das Gebet kommen wir wieder in den intensiven Kontakt mit unseren Gefühlen – und heilen sie im Idealfall. Das öffnet dann die Schleusen für ungeahnte Selbstheilungskräfte und Vergebungsbereitschaft. Auch das Gebet ist ein Prozess – es verändert sich, weil wir uns verändern, es wächst, weil wir gewachsen sind.

Glaube ist die innere Sicherheit und Gewissheit, ständig geliebt zu sein. Der Glaube an das Gute in allem entspringt unserem Engelsgeist, während der Glaube an das Böse dem Ego zugeschrieben wird. Wieder geht es um die klare Entscheidung: Wer bin ich? Auf wen will ich hören und wem vertrauen? Wer möchte ich jetzt und in Zukunft sein?

Wie wunderbar ist es doch, glauben zu können, dass ich nie alleine bin, allezeit Hilfe erhalten kann. Im Gebet kann ich Kontakt aufnehmen. Ich wende mich an meinen persönlichen Schutzengel, einen Erzengel, Heiligen oder aufgestiegenen Meister, zu dem ich Vertrauen habe.

Es ist so, als ob ich in meinem Herzen mit einem echten himmlischen Ratgeber ein Gespräch führen würde.

Es ist vorteilhaft, wenn wir uns an diese lichtvolle Wesenheit wenden, zu der wir das größte Vertrauen haben. Bei vielen sind das pauschal die Engel, andere beten am liebsten zu Jesus oder zu Mutter Maria.

Ich empfehle gerne, auch zu einem bestimmten Engel zu beten und sich die Gestalt dieses Engels vor dem geistigen Auge vorzustellen. Das bringt eine freundschaftlichere und nähere Verbindung, als wenn wir pauschal zu Gott oder den Engeln beten.

Ich rufe ihn – und im gleichen Augenblick ist er an jenem Platz in meinem Herzen, den ich für dieses Treffen reserviert habe. Wir treffen uns sozusagen »auf einen Kaffee« und tauschen lichtvollste Gedanken aus. Ich sehe dann als inneres Bild, wie zwei vertraute Lichtgestalten miteinander reden und fröhlich sind. Eine Wolke aus bedingungsloser Liebe umgibt diese zwei Engel, die in einem Lichtermeer verschmelzen und kurzzeitig eins sind. Genau das ist der Moment, in dem ich in Allwissenheit eingetaucht und mit meiner Engelsseele vereint bin. Hier gibt es keine Unterscheidung mehr zwischen Himmel und Erde. Größte Glückseligkeit und eine heitere Gelassenheit geben mir das Gefühl, tatsächlich im Himmel zu sein. Mit Worten ist dieser Zustand kaum zu beschreiben. Ich kann nur jeden dazu einladen, dies auch so empfinden zu wollen.

Die Zauberformel lautet ganz einfach:
Gedanke, Wort und Tat.

Zuerst ist der Gedanke an das Beten da, der Wunsch nach einer Begegnung mit einem Engel. Dann folgt die Tat: Ich spreche das Gebet, rede mit meinem Engel, werde ruhiger dabei und spüre Frieden in mir, erhalte eine Antwort und führe dann aus, was ich zuvor in mir als Botschaft vernommen habe.

Genauso verhält es sich auch, wenn ich im Gebet um die Erfahrung der bedingungslosen Liebe bitte. Ich spüre diesen Wunsch in meinem Herzen, trage ihn vor, gönne mir dann auch die Zeit, dies in mir erspüren und erleben zu können, bin dann erfüllt und strahle das aus. Indem ich diese wundervolle Erfahrung mit anderen teile, geht sie immer tiefer in mein Gedächtnis, animiert weitere Menschen und zieht Kreise, die ich selbst gar nicht mehr überblicken kann.

Gebet:
»Liebe Engel, ich bitte hier und jetzt
um eine Erfahrung der bedingungslosen Liebe.«

Erwarte nicht zu viel, sondern trage eine große, freudige Offenheit in dir. Spüre die Schmetterlinge des Verliebtseins in deinem Bauch. Und hab keine Angst: Du bekommst nur so viel, wie du im Moment verkraften und verarbeiten kannst. Nicht zu viel und auch nicht zu wenig, genau richtig und wunderbar wird sich diese Liebe in dir anfühlen.

Wenn wir in dieser reinen Liebe sind, verlieren wir jede Angst. In Wahrheit haben wir nur Angst vor unserem eigenen Licht, vor unserer eigenen großen Macht und Kraft. Wir fürchten uns vielleicht sogar davor, ein Engel zu sein. Das geht vorbei. Wenn wir es nur wollen und Vertrauen haben, halten wir Kurs auf engelhafte Liebe und werden nie enttäuscht. Gestatte deinem Engel, dass er sich in dir frei bewegen darf. So wirst du dich selbst als Engel fühlen und dementsprechend Segen sein.

Mein Lieblingsgebet:
»Mein lieber Engel,
wirke du in mir, und wirke du durch mich.
Möge ich großer Segen sein.«

Engelsgebete bringen Heil und Segen für mich und für alle. Sie wollen täglich wiederholt und bekräftigt werden. Das Geschenk bzw. die Wirkung der Gebete ist die zunehmende Bewusstheit, ein Engel zu sein. Der aufrichtige Gebetssame ist der Wunsch nach weiterem Wachstum. Beten und Wachsen gehören zusammen wie die Saat und die Ernte. Ohne stetige Anwendung gibt es jedoch auch hier keinen dauerhaften Erfolg. Vielleicht mag dies ernüchternd und frustrierend klingen, doch dem ist nicht so. Für mich ist die sich ausdehnende und weit ausstrahlende Kommunikation mit dem Himmel im eigenen Herzen mittlerweile das Wichtigste am Tag. Der ganze Tag wird zum Gebet. Ein jeder Tag wird so zu einem der schönsten in meinem Leben. Das Bitten wird im Gebetsprozess immer weniger, das Danken und Segnen nimmt den immer größeren Part ein. Was würden wir auch mit all unseren Gedanken den lieben langen Tag machen, wenn wir nicht beten, danken oder segnen könnten? Immer mehr wird das Gebet Teil des Alltags, geht mit der Arbeit einher, beflügelt sie und sorgt somit für noch mehr Glück und Erfolg.

Charakterstärken und ehrenhafte Tugenden werden immer mehr ausgebildet und in Harmonie gelebt: Ehrlichkeit und Vertrauen, Bewertungslosigkeit und Toleranz, Mitgefühl und Demut, Dankbarkeit und Freude, Friedfertigkeit, Großzügigkeit und Wohlwollen, Geduld und Beharrlichkeit münden in die Fähigkeit, zu glauben, als Voraussetzung für die geistige Offenheit. Mit edlem Mut stellen wir unsere Engelsnatur in den Dienst zum Wohle aller – egal in welchem Beruf, in welchem Stand oder in welchem Alter auch immer.

Der Glaube ist das Erkennen der Wahrheit, das Erinnern an unser Engelsein. Mögen wir die Ausübung unseres Glaubens und unseres Engelseins nicht in die Zukunft verlegen, weil wir uns derzeit noch für unvollkommen halten. Bejahen wir einfach, dass jeder von uns in diesem Moment zutiefst geliebt und geheilt ist.

Glücklich ist, wer dies glauben kann. Dem, der glaubt, ist alles möglich. Wunder geschehen in diesem göttlichen Feld allumfassender Liebe.

Weitere Gebete

Gebet um Heilung für den Körper:

»Mein lieber Engel,
ich bitte um Heil und Segen für mich
(oder Name der Person, für die ich bete).
Ich bitte um konkrete Hinweise,
wie ich meine Heilung unterstützen kann.
Ich danke, glaube und vertraue.«

Und nun bin ich still und höre, was meine Engelsstimme in mir spricht. Welche Gedanken gehen mir durch den Kopf, welches Gefühl macht sich bemerkbar?
Was fällt mir »zufällig« in die Hände, oder was fügt sich einfach?
Dann führe ich aus, was ich in mir vernommen habe. Ich tue Schritte, die mich vorwärtsbringen und mich fördern.

Gebet für glückliche Beziehungen:

»Mein lieber Engel,
lehre mich die bedingungslose Liebe.
Zeige mir, wie wir miteinander in Harmonie leben können.
Danke.«

Ich überlege, bei wem noch Vergebung aussteht.

Vergebungsgebet:

»Liebe/lieber …
(Name der Person, für die ich bete),
ich bin bereit, dir ganz zu vergeben.
Ich lasse dir Deines und bitte dich, lasse du mir Meines.
Wieder entscheide ich mich jetzt für
Gesundheit, Harmonie und Frieden.
Ich vergebe mir selbst und nehme mich an
mit meinen Stärken und Schwächen.
Ich bin bereit, jetzt Liebe zu sein.
Mein lieber Engel, hilf mir hierbei. Danke.«

Ich vergebe mir selbst und somit allen.

Gebet für Erfolg:

»Ich bin erfolgreich in all meinen Unternehmungen.
Ich bin gesund, glücklich und sehr dankbar.
Mein lieber Engel, begleite und führe mich. Danke für alles.«

Gebete zu sprechen, ist eines.
Gebete wirklich zu meinen, ist alles.

Das Gesetz des Dankens:
Wer glaubt, der dankt

»Danke«
ist das kürzeste, alles umfassende Gebet.

Danke jeden Tag für Gesundheit, Wohlergehen und für Frieden – und du bist in Resonanz damit.

»Danke, dass ich ein Engel bin.«

Ich entscheide mich zu glauben, dass ich ein Engel bin, und schon durchströmt mich unendliche Dankbarkeit. Beständiges Danken kann Berge versetzen und Wunder bewirken.

Ein dankbares Herz ist ein himmlischer Kanal,
um Allerbestes zu bewirken.

So vieles ist in meinem Leben in Ordnung. Doch auch ich schaue ab und zu auf Dinge, die noch nicht vollends geheilt oder in Ordnung sind – und merke sofort, wie ich undankbar werde und wieder in den Strudel meines Egos gerate.

In einem Seminar zeigte ein Referent ein weißes Blatt Papier mit einem schwarzen Punkt in der Mitte. Er fragte uns, was wir sehen würden. Die Antwort war klar: einen schwarzen Punkt. Der Mann zeigte sich erstaunt, dass wir nicht als Erstes das reine Weiß gesehen hätten, das doch bei Weitem überwiegen würde.
Genauso verhält es sich, wenn wir uns über etwas Unvollkommenes ärgern, anstatt für all das Gute in unserem Leben dankbar zu sein. Achtlos nehmen wir all die guten Eigenschaften und Fähigkeiten in uns hin.
Eine Frau war von dieser Einsicht durch die Demonstration des Punktes auf dem weißen Blatt Papier so berührt, dass sie den Referenten bat, ihr eine Kopie zukommen zu lassen.

Zu danken, als ob ich das Gewünschte schon bekommen hätte, beinhaltet ein riesiges Potenzial. Die Freude ist die größte Manifestationskraft. Ich danke voller Freude für etwas, das ich mir wünsche – und darf fest davon ausgehen, dass ich es erhalten werde. Der Wunsch formt sich aus dem feinstofflichen Energiezustand und nimmt Materie an. Wenn mein Anliegen meinem höchsten Wohle dient, wird es sich zur idealen Zeit zeigen. Vielleicht wäre es zu einem früheren Zeitpunkt nicht sinnvoll gewesen, in mein Leben zu treten, weil es mir damals noch nicht dienlich gewesen wäre oder noch Besseres auf mich gewartet hätte. Darum höre niemals auf, zu glauben und zu vertrauen – und danke von Herzen weiter!

Durch den inneren Reifungsprozess verändert sich unser Verhältnis zum Bitten um bestimmte Dinge oder um das Erlangen von Erleuchtung, hin zum Dank für alles. Immer mehr wird uns bewusst, dass wir aus einer unendlichen inneren Quelle an Weisheit und Kraft schöpfen können, die ich Gott nenne.

Danken ist Glaube in Aktion.
Üben wir uns darin immer weiter.

Danke deinem Körper

Erinnern wir uns noch einmal an diesen Punkt auf dem großen weißen Blatt. Dieses Beispiel können wir auch auf unseren Körper anwenden. Unser Organismus, dieses Wunderwerk, verdient wirklich Achtung, Wertschätzung und tiefste Dankbarkeit.

Wenn ein Körperteil oder ein Organ schmerzt und somit um Aufmerksamkeit bittet, so beschenke es mit deiner Liebe. Danke für die Heilung, als ob sie schon eingetreten wäre.

»Danke für meine Heilung.
Ich bin heil. Ich bin heil. Ich bin heil.«

Stelle dir bildhaft vor, wie es sich anfühlt, wenn dein Körper kräftig und gesund ist. Halte dir dieses Bild immer wieder vor Augen, und gib positive Energie für dessen Verwirklichung hinein.

Zur Gesundheitsvorsorge empfehle ich dir, deinem Körper öfters mal ein Dankeschön zu sagen. Kümmere dich wie ein Vater oder eine Mutter verantwortungsvoll um Körper, Geist und Seele, und wisse sie in dir in harmonischem Einklang. Mache deinen »Organkindern« gerne Liebeserklärungen:

»Liebes Herz, ich liebe, achte und ehre dich.
Sei geheilt und gesegnet in mir.
Danke für alles.«

Vermeide dann aber bitte auch Dinge, die deinem Körper schaden! Tue, was dir und deinem Herzen guttut!

Ansonsten sind deine Gebete, die um Heilung körperlicher Schmerzen oder Krankheiten bitten, deinerseits nicht ganz aufrichtig gemeint und bringen nur spärlichen und wenig bleibenden Erfolg.

Danke deinen Mitmenschen,
so dankst du dir selbst.

Ein aufrichtig ausgesprochener Dank erzeugt Glücksgefühle auf beiden Seiten. Gönne dir immer wieder die Freude, echte Dankbarkeit auszudrücken, und blicke hierbei in überraschte und leuchtende Augen. Ein ehrliches Dankeschön, z. B. einem Mitarbeiter oder Angestellten gegenüber, ist einfacher und effektiver als Lobeshymnen und Motivationsübungen. Natürlich muss dieses dem Herzen entspringen. Es wirklich so zu meinen, was ich sage, macht mich zu einem verlässlichen Freund und Vertrauten. Lob und Dank gehören zusammen und entspringen unserer Engelsnatur.

Wir sollten wirklich versuchen, Wunderbarstes nicht einfach nur so hinzunehmen, sondern auch die Kleinigkeiten zu achten, uns öfters zu bedanken und einander zu loben. So entlocken wir uns gegenseitig ein Lächeln mit engelsgleichem Glanz in den Augen.

Danken wir einem Mitmenschen, so danken wir immer auch uns selbst. Danken wir, so ist diese Dankbarkeit auch für uns ein Anlass zur Freude. Denn wir machen uns damit bewusst, dass wir in der Fülle sind, dass wir dankbar für etwas sein dürfen. Ein dankbarer Mensch ist immer gerne gesehen und überall willkommen.

Danke für deinen Erfolg

Sich selbst für ein erreichtes Ziel zu loben und stolz zu sein, ist nicht egoistisch oder überheblich, sondern zeugt von Selbstliebe und Reife. Wer sich selbst wertschätzt, hat sein wahres Engelselbst erkannt. Für all das Gute im Leben zu danken, hält den Strom der Fülle und der liebevollen Herzensenergie aufrecht. Wenn wir um etwas bitten, haben wir uns von den Mangelgedanken unseres Egos noch nicht ganz befreit. Doch ist die Bitte um Hilfe der erste Schritt, um sich selbst die beste Hilfe zu sein. Wenn Erfolg ausbleibt, kann das daran liegen, dass wir zu wenig dankbar sind und zu wenig an uns und an die beständige Fülle glauben.

Aufrichtig und bewusst gelebte Dankbarkeit hält die Resonanz zur göttlichen Fülle aufrecht und ist der ideale Nährboden für Erfolg und Wohlergehen.

»Ich umarme mich und mein Leben und danke für alles.«

Ich liebe es, im Restaurant ein großzügiges Trinkgeld zu geben und in die freudig überraschten Augen der Bedienung zu schauen. In einem Hotel bediente uns einmal ein überaus begnadeter Ober. Er vollbrachte seine Arbeit mit Würde, Charme, Fürsorge und Heiterkeit. Nur ein Mensch, der innerlich ausgeglichen ist, kann sich so vorzüglich um seine Gäste kümmern, dass diese sich rundum wohlfühlen und ihr Essen so richtig genießen können.

Wer sich reich fühlt, teilt mit anderen, spendet an Bedürftige, unterstützt gemeinnützige Projekte, das Ehrenamt, Vereine, und ist Förderer und Wohltäter. Er gibt, um Gutes zu bewirken und somit letztlich selbst beschenkt zu werden.

Jeder Dank kehrt zum Sender zurück.

Das Gesetz des Segnens

Segnen hilft und heilt.
Ich segne hier und segne dort, ich segne alles,
was mich umgibt und weit darüber hinaus –
und reicher Segen kehrt zu mir zurück.

Lange Zeit habe ich geglaubt, dass nur ein Priester segnen darf. Die eigene Segnungskraft habe ich nicht gekannt und deshalb nicht genutzt. Das ist sehr schade, denn heute weiß ich, welche positiven Auswirkungen, sogar Wunder, ein aufrichtig gesprochener Segen mit sich bringen kann. In der spirituellen Entwicklung gelangt jeder früher oder später an den Punkt, dass er seine Segnungskraft erkennt und praktiziert.

Ein Segen ist wie eine liebevolle Umarmung. Aus reinsten, wohlwollenden und liebevollen Gedanken formen sich Segensworte, die an den Empfänger gesendet werden. Ob die Segnung als Gebet gedacht, gesprochen oder durch ein Ritual in Form des Handauflegens ausgeführt wird, ist nicht von Bedeutung. Das Wichtigste ist, dass ich segne. Nur indem ich die Segnung ausführe, werden der Empfänger und ich als Aussender gleichermaßen beschenkt. Segnen bedeutet nicht, sich etwas Bestimmtes zu wünschen oder verändern zu wollen, sondern die Annahme dessen, was jetzt ist. Dies ist die höchste Form der Liebe.

Durch dieses Ritual, das meist durch eine Handlung wie dem Auflegen der Hände oder eine andere symbolische Geste zusätzlichen Wert erhält, werden Spender und Empfänger gleichermaßen beschenkt. Jeder Segen, jedes Gebet und aller Dank für andere kehrt früher oder später zu mir zurück und wird somit auch mir zum Segen.

Ich kann mit meiner Herzensenergie Menschen, Tiere, die Erde, eine Idee, ein Projekt oder Geschäft, ja, sogar ganze Gebäude oder Institutionen segnen. Ich drücke hiermit mein aufrichtig empfundenes Mitgefühl, meine Freude, mein Zutrauen oder meine bedingungslose Liebe aus. Die äußere Erscheinungsweise einer Person oder des Objektes, das ich segnen möchte, bewerte ich nicht. Ich konzentriere mich auf das Engelslicht, übe den Engelsblick – und beginne mit der Segnung.

Segnen ist aktive Liebe ohne Hintergedanken,
frei von Berechnung und Manipulation.
Segnen ist reinste Liebe in Aktion.

Segnung des Körpers

Sich selbst, seinen eigenen Körper zu segnen, ist wie ein Liebesdienst, den man sich selbst erweist. Wenn ich mich nach dem Duschen eincreme, verwöhne ich meinen Körper mit den Worten:

»Ich segne dich mit meiner Liebe.
Danke für alles.«

Ich stelle mir vor, wie meine Zellen lächeln, und kann das auch regelrecht spüren. Auch wenn der Körper nicht dem idealen Body-Mass-Index entspricht oder nicht vollkommen gesund ist, so verdient er doch unsere bestmögliche Aufmerksamkeit und Pflege. Segnen wirkt hierbei ganz besonders, es hilft und heilt immer. Es kommt auf meine Einstellung mir gegenüber an. Meine ich es gut mit mir und bekunde dies auch? Natürlich kann ich die Liebe und das Wohlwollen, die ich mir und meinem Körper gegenüber empfinde, auch mit einfachen Worten zum Ausdruck bringen:

»Ich liebe mich.«

Hierbei übe ich mich zugleich auch eifrig in der Nächstenliebe mit:

»Ich liebe dich.«

Das »Ich liebe mich« und das »Ich liebe dich« sind im Grunde ja das Gleiche.

Mein Körper ist mein Partner und reagiert auf meine Zuneigung sehr wohlwollend. Er ist wie mein Kind, das Liebe und Aufmerksamkeit braucht, um gut zu gedeihen und vital zu sein. Wenn mein eigener Körper auf das Segnen so wunderbar reagiert, kann ich davon ausgehen, dass sich dies auch auf die Seele, den Geist und den Körper meiner Mitmenschen auswirkt. Hier gibt es keine Grenzen. Der ursprüngliche Auftrag von Engeln auf Erden ist es, Segen füreinander zu sein. Deshalb lasst es uns gemeinsam tun:

Segnen – segnen – segnen.

Segnung von Beziehungen

Als besonders schön empfinde ich es, meinen Mann und meine Kinder zu segnen, bevor sie morgens zur Arbeit bzw. in die Schule gehen. Als die Kinder noch klein waren, zeichnete in ihnen mit dem Finger ein Kreuz auf die Stirn und sprach:

»Gott segne dich, und meine Liebe begleite dich.
Ich liebe dich.«

Heute sind die Kinder erwachsen, und so rufe ich ihnen zum Abschied zu oder segne sie im Stillen:

»Gottes Segen mit dir.
Das Allerbeste für dich, mein Engel.«

Das erfüllt mich mit solch einer Zuversicht und Freude, dass ich dann selbst vergnügt zur Arbeit gehe, um auch dort ein Segen zu sein. Das Segnen ist mir so lebendig und gewohnt, dass ich sogar riskant überholende Motorradfahrer oder Autofahrer damit beschenke – und mich selbst damit beruhige.

Jeden Menschen, der uns heute begegnet, können wir segnen. Dies verhindert, dass wir anfangen zu beurteilen. Wenn wir unserer Engelsnatur treu bleiben, geben wir im Segnen jedem und allem unsere Erlaubnis und Zustimmung, ein glückliches Leben führen zu können.

»Ich segne dich mit meiner Liebe.«

Ich übertreibe hier vielleicht ein bisschen. Nicht immer sind mir die segnenden Gedanken präsent. Immer wieder befinde auch ich mich im Dunkel meiner Ego-Gedanken – aber immer seltener und immer kürzer.

Ich konzentriere mich gerne auf das Segnen und betreibe somit »Gedankenhygiene«, weil ich eben nicht so schnell in die Ego-Falle tappe und mich bewertenden, um mich selbst kreisenden Gedanken hingebe. Das ist auch der Lohn für die schöne Heilerarbeit. Ein Heiler heilt im Heilen mit.

In der Lightway-Familienheilsitzung führe ich mit meinen Klienten am Ende immer ein Segensritual durch. Ich spreche es vor und bitte den jeweiligen Klienten, es mir nachzusprechen, wenn er hierzu bereit ist. Bisher waren es alle, wofür ich mich an dieser Stelle noch einmal herzlich bedanken möchte!

Bei diesen Ritualen zeigt sich meist ein inneres Bild, in dem alle Familienmitglieder harmonisch an einem großen runden Tisch versammelt sind. Etwaige Konflikte sind zuvor angeschaut worden, und in Zusammenarbeit mit dem Himmel ist es gelungen, eine versöhnliche Sichtweise einzunehmen. Gefühle der einzelnen Beteiligten konnten wahrgenommen und verstanden werden. Jeder wird gesegnet. Viele Engel begleiten diesen heilsamen Prozess, bis es sich harmonisch und stimmig anfühlt. Dann schlage ich dem Klienten vor, das folgende Segensgebet für sich und seine Familie zu sprechen:

»Ich liebe uns alle zutiefst.
Alle haben meinen Segen für ein glückliches Leben.
Das Allerbeste für jeden.
Danke für alles.«

Eine unbeschreiblich schöne Liebesenergie erfüllt dann den ganzen Raum, umhüllt alle Familienmitglieder und ergießt sich ins gesamte Universum. All deine Lieben sind in diesem Moment um dich versammelt und in Harmonie vereint.

Lösende Freudentränen fließen über die Wangen, befreiende Seufzer kommen direkt aus den Herzen, und ein Lächeln erhellt so manches Gesicht. Unglaubliches kann geschehen, wenn Segen fließt.

Ich empfehle meinen Klienten, dieses Segensritual mindestens an den darauffolgenden drei Tagen noch einmal ebenso intensiv durchzuführen. Noch besser ist es allerdings, so empfehle ich allen, jeden Tag all seine Lieben zu segnen, um den Familienfrieden im eigenen Herzen aufrechtzuerhalten.

Nur was ich selbst mache und für gut befinde, kann ich mit gutem Gewissen anderen weiterempfehlen.

Segnen bringt Erfolg

Eine Arbeit, die Freude macht und der Schöpfung einen guten Dienst erweist, ist meist auch von Erfolg gekrönt.

Destruktive Glaubenssätze unseres Egos halten uns noch vom Erfolg ab. Manche Unternehmer haben gleich Erklärungen bei der Hand, warum es in ihrem Geschäft zu finanziellen Engpässen oder anderen disharmonischen Situationen gekommen ist. Da werden Gründe angeführt wie die Konkurrenz, das Sommerloch, die Politik, die Steuern, das Finanzamt, die Lieferanten, die Kooperationen, die Banken, die Zahlungsmoral, die Mitarbeiter oder gar noch das Wetter. Ein Suhlen im Selbstmitleid ist kontraproduktiv. Die Folgen sind verheerend, wenn ich mich auf Selbstzweifeln und negativen Glaubenssätzen »ausruhe«. Wer nur nach Schuldigen für den Misserfolg sucht, wird den Erfolg nicht finden. Die Schatten zu analysieren, um diese aufzulösen und zu berichtigen, ist der Sache dienlicher. Wer erfolgreich sein will, nehme sich Zeit, definiere seine Ziele, konzentriere sich darauf, wie das jeweilige Ziel erreicht werden könnte, und werde dann sehr aktiv im Umsetzen seiner inneren Absicht. Der sei auch bereit, sich und anderen zu vergeben und sich stetig weiterzubilden.

Erlaube dir, erfolgreich und wohlhabend zu sein. Segne deinen Erfolg schon im Vorhinein!

Die Kraft meines Segens stagniert, wenn ich diesen nicht nutze und spende. Indem ich meine Arbeit und meine Projekte oft, am besten mehrmals täglich, segne, sorge ich dafür, dass sie große Mengen an förderlicher Energie zugeführt bekommen.

Als unsere Tochter nach dem Abitur nicht recht wusste, welchen Beruf sie ergreifen solle, haben wir täglich gebetet:

»Liebe Engel,
wir bitten um das Richtige für Elena.
Möge es sich zeigen und ihr zum Segen sein.
Wir danken, glauben und vertrauen.«

Die Richtung wurde bald klarer, und sie bewarb sich auf zwei verschiedene Studienstellen. Wir waren alle ganz gespannt, was denn nun wohl das Richtige für sie sein würde. Falls Absagen auf ihre Bewerbungen kommen würden, so hatten wir uns schon im Vorfeld gesagt, würden wir einfach darauf vertrauen, dass noch Besseres auf sie wartete. Doch alsbald hatte sie ein gutes Bewerbungsgespräch für ein duales Studium ihrer ersten Wahl und wurde mit Begeisterung eingestellt.

Währenddessen zog sich bei unserem Sohn die Suche nach einer Firma für das Praxissemester in die Länge. Auch hierfür beteten wir das oben genannte Gebet, doch es kamen viele Absagen. Er bewarb sich weiter und optimierte seine Bewerbungsunterlagen. Ich empfahl ihm, seine Gedankenkraft mehr zu bündeln. So betete er öfters und intensiver und begann schon im Vorhinein, für die richtige Stelle zu danken. Daraufhin bekam er kurzfristig eine Anstellung in einem sehr innovativen Betrieb ganz in unserer Nähe.

Eine Ausbildungsteilnehmerin wollte sich im Rahmen ihrer Ausbildung zum nächsten Kurs anmelden. Sie war gerade in einer Krise, weil sie sich von ihrem Mann getrennt hatte und nun auch noch arbeitslos geworden war. Sie brauchte dringend wieder eine Stelle. Ich bejahte ihren Wunsch zur Ausbildung, da in solch kritischen Zeiten die innere Einkehr und Ausrichtung wichtig ist. Ich empfahl ihr, innigst das oben genannte Gebet für die richtige Arbeitsstelle zu sprechen.
Schon zwei Tage später meldete sich die Frau bei mir und sagte, dass sie an jenem Abend innigst und mit ganzer Kraft gebetet und am nächsten Tag kurzfristig eine Anstellung erhalten habe. Sie konnte gleich am darauffolgenden Tag mit ihrer neuen Arbeit beginnen und musste den Kursbesuch bei mir verschieben.

Welcher Arbeit wir auch nachgehen, in welcher Position wir auch sind – wir können gerne arbeiten oder auch ungerne. Jede sinnvolle Arbeit kann uns glücklich machen, wenn wir sie mit einer liebevollen Geisteshaltung tun. Ohne Arbeit hätten wir keine wirkliche Aufgabe im Leben und würden uns irgendwann sicher langweilen. Eine mit Freude ausgeführte Arbeit macht glücklich.
Durch das Annehmen unseres bisherigen Lebens und der mitgebrachten Talente, unserer Ausbildungen, materiellen Güter und Chancen können wir unseren Erfolg ausweiten. Wir setzen uns Ziele, verfolgen diese beharrlich und tragen somit unser Bestes dazu bei, diese irgendwann zu erreichen. Segnen wir täglich unser Tun, sind wir ab jetzt erfolgreich in allen unseren Unternehmungen.

Gerne segne ich gleich nach dem Aufwachen unsere Familie, unser Institut mit allen Klienten und Ausbildungsteilnehmern sowie unsere Schreinerei mit den Kunden, Mitarbeitern, Zulieferern und hilfreichen Freunden. Ich danke für Gesundheit, Glück und Wohlergehen und für die große Hilfe und Unterstützung. Ich segne alles in meinem Leben, sodass auch ich zum Segen werde.

Merkmale bewusster Erdenengel

Unsere Vorstellung, die wir von Engeln haben, wurden von religiösen Darstellungen und Erzählungen geprägt. Wir denken an Gemälde oder Skulpturen, die Engel in menschlicher Gestalt mit Flügeln und Heiligenschein darstellen. Auf einigen Bildern sind sie auch als durchscheinende Lichtwesen zu sehen. Meist erscheinen sie als ätherische oder pausbackige Wesen mit zarten Flügeln, welche die Aufhebung der Trennung zwischen Himmel und Erde symbolisieren. Die himmlischen Engel können an mehreren Orten und zu verschiedenen Zeiten gleichzeitig sein, um auf ihre Schützlinge zu achten. Sie können fliegen, sich unsichtbar machen, oder eine ganz konkrete Gestalt annehmen.

Wenn wir von Engeln reden, erwarten wir meist leuchtende Erscheinungen, die uns helfen und heilen, vor Gefahr bewahren und uns den richtigen Weg weisen. Sie sollen still sein, wenn wir sie nicht brauchen, aber in Notlagen bitte gerne sofort bereitstehen.

Weil uns solche Bilder von Engeln aus Kindheit und Glaubenserziehung vertraut sind, fällt es uns sehr schwer, uns selbst als irdische Engel anzuerkennen. Wir Erdbewohner tragen keine Flügel. Wir denken, reden und handeln nicht immer engelhaft. Wir müssen dies auch nicht, denn unser von Gott geschenkter freier Wille lässt uns die Wahl, ob wir in diesem Leben engelähnlich leben oder vermehrt unser Ego ausleben und erfahren möchten.

Wie können wir einander als Engel erkennen?

Am Anfang steht die Bereitschaft, Engel willkommen zu heißen und sehen zu wollen. Wir müssen in Resonanz mit dem Thema »Engel« gehen. Hier angekommen, steht die Auseinandersetzung mit dem eigenen Glauben an. Das innere Engelsbild wird kritisch betrachtet und auf Wahrheit bzw. Glaubwürdigkeit überprüft. Gleichzeitig schauen wir auf uns, auf unser Leben, und öffnen uns für die Möglichkeit, selbst Engel zu sein. Währenddessen gibt uns das Ego beständig Gedanken ein, die dies alles bezweifeln. Ein großer Schritt ist nötig, um sich neu besinnen zu können.

Wer kann hierbei helfen?

Wieder sind es die Engel, die uns helfen können, unseren Irrglauben zu heilen. Nur wenn wir sie mit dem Herzen einladen, ist es ihnen möglich, ihre lichtvolle Sicht uns Menschen zu offenbaren. Wer sich den Engeln verschließt, der wird im Unglauben des Egos bleiben.

Je mehr sich die oberen, geistigen Chakren[1] öffnen und aktiv genutzt werden, desto mehr Lichtqualität können wir hellsichtig wahrnehmen und schließlich auch mit unseren physischen Augen sehen. Der Himmel kann sich nur in dem Maße zeigen, in dem wir uns für ihn öffnen. Deshalb schreiten wir in unserer Bewusstseinsentwicklung stetig voran und bilden uns in bedingungsloser Liebe weiter. Oder wir entscheiden uns für einen anderen Weg, der zu Chaos, Schmerz und Krieg führt. Auch wenn er voll im Ego verhaftet ist, kann sich der Mensch als Bote fühlen und seine Mitmenschen in einen sogenannten heiligen Krieg führen.

---

1 Die unteren drei Chakras – das Wurzel, das Sakralchakra und der Solarplexus – werden unserem physischen Sein zugeordnet und die oberen drei Chakras – das Hals-, das Stirn- und das Scheitelchakra – dem geistig-spirituellen. Die Mitte ist das Herzchakra, das Geist und Körper verbindet und als der Sitz der Seele betrachtet werden kann.

Sind solche Menschen dann auch Engel?

Ja, trotz allem. Sie sind verirrte, unwissende Kinder, die die niedrigste Schwingung der Liebe verkörpern. Diese selbst ernannten Krieger gehen einen Weg, der auf Vergeltung und Rache baut. »Auge um Auge« ist die Devise. Vorgefasste, trennende Glaubensüberzeugungen werden blindlings übernommen. Andere Religionen oder Meinungen werden nicht toleriert, sondern es wird versucht, sie auszurotten. Dauerhafter Frieden ist hier nicht mehr möglich. Diese »Engel« haben sich vorgenommen, auf Erden den negativen Pol des Ego-Daseins zu erkunden, und nehmen billigend in Kauf, dass sie damit sich selbst und anderen schaden. Doch somit zeigen sie vielen Menschen auch auf, was Elend, Unheil und Grausamkeit bedeuten. Selbst ernannte Ego-Engel, die Leid verbreiten, leiden in Wahrheit selbst an einem starken Liebesmangel, haben Selbstwertprobleme und kein Rückgrat. Sie wissen nicht in vollem Umfang, was sie tun. Tief verletzte Menschen mit Hassgedanken, riesigen Ängsten und niederen, gierigen Beweggründen finden im Krieg zusammen. Hier können sie lernen, worauf Frieden beruht und wie wertvoll er ist, denn Krieg und Gewalt sind Lektionen, aus denen alle Menschen lernen können, egal, ob sie direkt vor Ort oder indirekt, beispielsweise durch die Aufnahme von Flüchtlingen, betroffen sind.

Gerade deshalb, weil viele Bürger den Krieg satthaben und eine starke Resonanz zum Frieden entwickeln, flüchten viele aus ihrer bedrohten Heimat in Gebiete, in denen sie mit ihren Familien Zuflucht und Schutz finden können. Länder, die Flüchtlinge aufnehmen, können ihre Fehler aus früheren Zeiten ausgleichen und sich ganz bewusst für den Schutz und die Würde der Menschen einsetzen. Wir müssen nicht alle die schlimmsten Erfahrungen selbst machen. Der Weise lernt auch aus den Erfahrungen anderer.

Durch die bewusste Hinwendung zu unserer inneren Engelsstimme sowie den Kontakt zu himmlischen Engeln oder den wirklich weisen Erdenengeln können wir Frieden in uns finden. Durch Vergebung und Versöhnung bekommen wir alle einen einheitlichen Blick für das Gute im anderen.

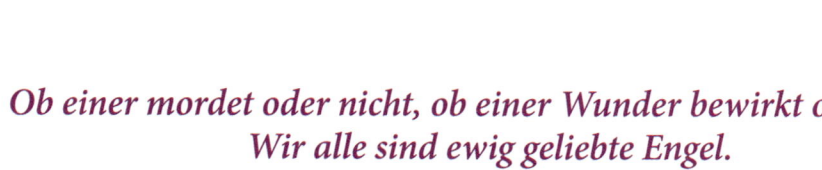

Ob einer mordet oder nicht, ob einer Wunder bewirkt oder nicht: Wir alle sind ewig geliebte Engel.

Ich weiß, dass dieser Gedanke Unbehagen und Kopfschütteln hervorrufen kann. Doch alle anderen Gedankengänge über uns Menschen bringen auf Dauer keinen Frieden. Wenn ich wirklich glauben kann, dass alles, was im Moment auf der Erde geschieht, auch geschehen darf, ohne dass ich mich wegen meines eigenen Wohlergehens schlecht fühle oder mich sogar für mitschuldig befinde, so kann ich jetzt mit mir, mit dem Weltgeschehen und auch mit den Engeln in Frieden sein.

Es kommt in erster Linie auf mich an. Was mache ich aus meinem Leben. Möchte ich für Krieg oder für Frieden einstehen? Was möchte ich in dieser Inkarnation bewirken und entdecken? Jeder hat das Recht und die Freiheit, sein Leben nach seinen Vorstellungen zu gestalten. Nach der Saat folgt die Ernte, und so wird jedem das Seine zuteilwerden.

Ich kann mich entscheiden, Segen sein zu wollen, ein Engel sein zu wollen.

So ist es möglich, sich inmitten der Engel zu fühlen, sich sicher und beschützt zu wissen, was auch kommen mag. Jede neue Herausforderung ist eine Lerneinheit, von der meine Seele möchte, dass ich sie meistere. Jeder von uns hat sich einzigartige Aufträge ausgesucht. Durch Seelenabsprachen sind wir zusammengekommen und können uns in den Familien oder Nationen um Lösungen bemühen – oder Konflikte eskalieren lassen.

Alle diese Überlegungen ändern nichts daran, dass wir Engel sind. In allem, auch in der Tier- und Pflanzenwelt, dem Mineralreich, ja, der gesamten Schöpfung, kann ich die Engel erkennen.

Gewöhne dich an den Gedanken, dass du ein Engel bist.

Auch wenn du keine Flügel hast, so leuchtet in deinen Augen doch der göttliche Glanz. Schaue genau in den Spiegel und entdecke dein Engelsein. Genauso siehst du den Engel auch in deinen Mitmenschen. Es ist nichts Spektakuläres und so einfach.

Wenn ich im Zustand der Hellsichtigkeit bin, sehe ich das Licht in den Menschen leuchten. Ein hellster Schein und Schimmer, der im Körper und um ihn herum strahlt. Immer wieder bin ich erfreut über meine zahlreichen Engelsgeschwister.

Nur wenn ich mich als Engel identifiziere und integer bin, kann ich andere in ihrem Engelsein bestärken. Da es keine Trennung gibt, bleiben wir alle die von Gott geliebten Engel. Als irdische Wesen unterscheiden wir Menschen uns im Grad der Geistesqualität, die sich in echter Weisheit und gelebter Liebesfähigkeit zeigt. Engel bewerten diese Unterschiede nicht, sie lieben alle und alles gleich intensiv.

Ein Mensch, dessen Seelenlicht deutlich sichtbar ist, können wir auch als fortgeschrittenen Erdenengel bezeichnen. Wir erkennen ihn an:

- einem liebevollen Blick mit Glanz und Leuchten in den Augen,
- einem herzlichen Lächeln auf den Lippen und an liebevollen Worten,
- seiner warmherzigen Ausstrahlung,
- seiner Ausgeglichenheit, einer (fast!) anhaltend guten Laune,
- seinem echten Humor: dass er auch herzhaft über seine eigenen Unzulänglichkeiten lachen kann, denn er weiß um sein Ego,
- seiner mitfühlenden, hilfsbereiten und ehrlichen Art,
- Fleiß, Zielstrebigkeit und Großzügigkeit,
- Verlässlichkeit, Toleranz und geistiger Offenheit,
- seinem mutigen Einsatz für Gutes und für den Frieden,
- einem aufrechten und federnden Gang,
- frischem Aussehen und einem wohlduftenden Körper, [2]
- seiner Ausstrahlung, die voller Vitalität, Lebensfreude und Lebenskraft ist.

---

2 Natürlich darf man einen Menschen nie nur nach seinem Äußeren beurteilen, aber wer nach kaltem Zigarettenrauch riecht, eine Alkoholfahne mit sich trägt oder einen ansonsten unangenehmen Körpergeruch hat, könnte offensichtlich noch Süchte ablegen, seinen Körper von Giften reinigen und das richtige Maß in allen Dingen finden.

Die Worte der Engel

Vor jedem Wort steht, bevor ich es ausspreche, die unbewusste oder aber die ganz bewusst getroffene Entscheidung:
Möchte ich ein Bote des Egos oder ein Bote des Himmels sein?

Wie spricht das Ego? Wie spricht der Engel?

**Aus dem Ego heraus sprechend beurteilen wir uns und andere.
Wir befinden uns für:**

zu groß oder zu klein, zu dick oder zu dünn, normal oder komisch, besonders oder durchschnittlich, glaubwürdig oder unglaubwürdig, hilfsbereit oder egoistisch, weise oder dumm, erfolgreich oder gescheitert, glücklich oder unglücklich, reich oder arm, gesund oder krank, besser oder schlechter, höher oder niedriger …

Aus unseren Wahrnehmungen heraus formen sich unsere Worte, die unsere Eindrücke und Standpunkte ausdrücken.

Das Schöpfungsprinzip lautet:
***Zuerst ist der Gedanke da, darauf folgt das Wort
oder gleich die daraus resultierende Tat.***

Schauen wir uns zuerst die vor den Worten stehenden Gedanken und die entsprechenden Gefühle bzw. Glaubensmuster an:

- Aus welcher Quelle stammen meine Gedanken?
  Von welchen verinnerlichten Gefühlen wird meine Sicht
  auf Menschen und Situationen gespeist?
- Von meinen verletzten Gefühlskindern, die immer noch im Ego
  gefangen sind?
- Oder von meinen befreiten, heilen, liebevollen Engelsgefühlen?
- Aus welchen Gefühlen heraus agiere oder reagiere ich auf Äußerungen
  meiner Mitmenschen oder auf Begebenheiten in meinem Leben?

*Je geheilter wir sind,
desto heilbringender sind unsere Gedanken
und somit auch unsere Worte.*

Je verwundeter wir noch sind, desto mehr neigen wir dazu, auch andere zu verletzen. Wir bejahen und behalten unseren eigenen Schmerz, indem wir anderen seelisches oder körperliches Unheil zufügen, sind voller Selbstmitleid und leiden auch gerne mit anderen mit. Wir jammern viel, klagen uns selbst oder andere an und schieben uns gegenseitig Schuld zu. Wir verharren in der Angst und ängstigen andere, wir beurteilen und verurteilen, wir schämen uns und beschämen andere. Wir machen uns selbst fertig, greifen andere mit Worten oder Taten an und werden selbst angegriffen. Wir inszenieren Dramen mit Opfer und Bösewicht. Aufgrund unseres inneren Schmerzes sind wir lieblos zu uns selbst wie auch zu unserem Umfeld.

Aus unseren Gedankengängen und -mustern heraus formen sich im Halschakra Töne und Worte. Wir entlassen unser Innerstes in die Welt hinaus und bereichern oder schwächen hierdurch unsere Umgebung. Aber letztlich fördern oder schwächen wir uns selbst mit jeder Silbe, die unsere Lippen verlässt.

Auch hier stellt sich wieder die Frage:
Wer möchtest du sein?
Ein Propagandist der Angst und des Horrors oder
der Verkünder der Liebe und des Vertrauens?

Du hast die freie Wahl. Mit jedem Wort pflanzt du einen Samen, der dir zur Frucht wird und dein Leben beeinflusst. Sei wachsam! Mit jedem Wort, das über deine Lippen kommt, lädst du entweder eine Ego- oder eine Engelserfahrung ein.

Auf Dauer schare ich die Leute um mich, die in Resonanz mit meiner Wortwahl sind und deshalb ähnlich reden, riechen und denken. Ego-Worte verhindern, dass ich mein Licht offen zeige. Ich kann es auf diese Weise regelrecht verheimlichen und verleugnen. Erfolgreich halte ich mein strahlendes Wesen unter Verschluss, traue mich nicht, ein Engel zu sein. Ich habe Angst vor Blamage. Das ist eine erlaubte Option oder Rolle im Film, der sich »Erdenleben« nennt.

Wie ein Mensch denkt,
so redet er zumeist auch.

Engelsworte verbinden, bringen Lösungen hervor und bezeugen die Gleichheit aller Wesen. Sie drücken Lob aus und erkennen das Gute in jedem und allem an. Sie befreien von Angst und Schuld und sprechen bei Krankheit, Leid und Schmerz Mut zu bzw. bringen ins Bewusstsein, dass hierin auch eine Chance liegen kann. Die innere Wahrheit kann so geteilt und gefestigt werden, obgleich eine Offenheit für andere Meinungen bestehen bleibt. Über Fügungen und Wunder wird dankbar berichtet, wodurch Hoffnung und Vertrauen wachsen können.

Worte der Engel sind wichtig,
wahr und hilfreich.

Ein Weiser, der sein Engelsein zur Meisterschaft gebracht hat, redet aus seinen Engelsgedanken heraus und erlebt Wunder über Wunder. Indem er andere an ihr Engelsein erinnert, bleibt er selbst in seinem Engelsgewahrsein. Diese frohe Botschaft durch das gesprochene, geschriebene oder gesungene Wort zu verbreiten hilft, in diesem Engelsglauben zu verweilen und darin glücklich zu sein.

Engelsworte auszusprechen, ist der Anfang.
Engelsworte auch so zu meinen, ist alles.

Ob ein Mensch wirklich eins mit dem ist, was er sagt, kann an der Stimmlage gehört, im Gesicht wahrgenommen, mit dem Bauch gefühlt, klar gewusst oder sogar gerochen werden. Wie es so schön heißt, stinken übermäßiges Eigenlob und Lügen. Wer nur spricht, aber dies nicht lebt, ist innerlich noch zerrissen bezüglich seiner Identität. Wer integer ist, steht zu seinem Wort und lebt dies authentisch. Jeder Körper, jede Beziehung wie auch der Erfolg spiegeln die Gedanken und Worte des Senders.

Wie steht es mit mir?
Wie gehe ich mit Worten um?
Mit welchen Worten kann ich meine Ziele und Wünsche
bzw. die meiner Mitmenschen noch unterstützen?

Die Achtsamkeit meiner Gedanken geht übergangslos in achtsam gewählte Worte über, die meine Aura und mein Leben bewegen und zu meiner Biografie werden. Unbedachte Äußerungen können großen Schaden anrichten.

Reden ist Silber. Schweigen ist Gold.

Doch glücklicherweise kann durch die Vergebung der Fluss der Herzensenergie wiederhergestellt werden. Ich kann im Gebet um Vergebung bitten oder in einem direkten Gespräch offen und aufrichtig um Verzeihung bitten. Doch soll

auch etwas gelernt und verändert werden, um in Zukunft leere Worte und leid-volle Wiederholungen zu vermeiden. Auch in der Vergebung gelten die gleichen Grundsätze wie bei allen Gedanken- und Wortformen:

Zu vergeben, ist der erste Schritt.
Vergebung wirklich zu leben, ist alles.

Und merke dir:
Sprich nur, wenn es
wichtig, wahr,
hilfreich und heilsam ist.

Übe die Engelssprache.
Sei dir der überaus großen Macht und Kraft
jedes einzelnen Wortes bewusst.

Grundlegend ist es wichtig, sich als Engel sehen und fühlen zu wollen, um sich in ihrer Sprache ausdrücken zu können. Stimmen wir gemeinsam täglich in das Liebeslied der Engel ein und danken von Herzen für die universale Gemein-schaft. Wir sind schon jetzt inmitten der Engel und lieben einander – auch dich!

Verzage nicht. Die Bereitschaft, ein Engel zu sein, ist schon wie eine Einstimmung in die Engelskommunikation. In einem beständig gleichbleibenden, liebevollen Redefluss sind wir geheilt, glücklich und ganz im inneren Frieden. Dieser glück-seliger Geisteszustand ist echte Gedankenhygiene, Ego-Viren haben hier keinerlei Chance mehr. Mehr und mehr dehnen wir die Zeiträume aus, in denen wir im Feld der ureigenen Engelsnatur bleiben. In diesem Stadium des Entwicklungs-prozesses beginnen wir, bewusst mit dem Unsichtbaren zu kommunizieren. Wir öffnen unsere hellsichtigen Sinne und beginnen, mit feinstofflichen Wesenheiten zu reden, die für physische Augen nicht existieren.

Wir richten unsere Fragen, Anliegen, Nöte und Wünsche direkt an unseren ausgewählten himmlischen Ansprechpartner und können seine prompte Antwort bzw. Hilfe erwarten. Lichtvollste Helfer mögen uns heilsame Botschaften überbringen. Im medialen, geistigen Heilen nutze ich diese spirituelle Fähigkeit, den Himmel um heilsame Sichtweisen auf drängende Fragen, Konflikte oder auf körperliche Beschwerden zu bitten. Voller Vertrauen spreche ich dann die empfangene Engelsbotschaft aus. Immer wieder bin ich von den einfühlsamen und wunderbaren Worten überrascht und zutiefst berührt, die mir in den Mund gelegt werden. In keinster Weise beeinflussen sie den Willen der Klienten, sondern bringen diese vielmehr mit ihren Gefühlen in Kontakt, die um Heilung bitten und sich in Liebe wandeln dürfen. Die Liebeswellen dieser Worte erhellen jede Zelle des Körpers und alle Auraschichten – es ist wie eine Umpolung.

In meinen Heilerausbildungen helfe ich jedem Teilnehmer, seine individuelle Art der Zusammenarbeit mit den Engeln zu finden, um selbst bewusst deren Rat in sich vernehmen und umsetzen zu können. Ich kann gar nicht oft genug betonen, welch wunderbare Hilfe und Heilkraft aus der eigenen Engelskommunikation strömt.

Das Anerkennen als Engel

Dies beinhaltet ein Versöhnen mit sich und dem eigenen Leben, mit lebenden und verstorbenen Mitmenschen, mit allen Arten von Institutionen und Religionen in einer klaren, lichtvollen Geistesarbeit.

Das Annehmen der Vergangenheit lässt alte Wunden heilen, lässt das Jetzt befreit gestalten und die Zukunft in einem positiveren Licht sehen. Allezeit haben wir die allerbesten Ratgeber, Heiler und Lehrer in unseren Herzen, die immer mit uns in Kontakt sind. Je mehr wir der Engelsstimme in uns Gehör schenken, desto mehr kann sie uns wiederum beschenken. Gib ihr daher bitte immer den Vorzug!

Oftmals sind mehrere berührende Engelsgespräche und -begegnungen nötig, um wieder in den tiefen Glauben an unser wahres Engelsein heimzukehren. Das Ego, das uns so viele Erfahrungen bescherte, hat dann als Gegenpol ausgedient. Dieser Läuterungsprozess des Egos ist notwendig, um die Erdenengel von all den Unwahrheiten und Dunkelheiten zu befreien, bis nichts mehr übrig bleibt als pures Licht und reinste Liebe. Die freudige Bereitschaft tritt dann zutage, alles zu achten, zu ehren und zu lieben.

Babys ahmen ihre Eltern nach und lernen so die Bedeutung der Worte. Das Elternhaus prägt unsere Denk-, Sprech- und Verhaltensweise. Familientraditionen und Denkmuster werden übernommen und im Alltag umgesetzt. Später orientieren wir uns an Vorbildern, Stars oder anderen Idealen, denen wir nacheifern wollen. Wir jagen der perfekten Figur, dem Traumpartner, dem Geld oder dem Status hinterher. Oft sind es Krisen, die uns die Augen wieder für das Wahre und Wesentliche öffnen, und unsere bewusste spirituelle Entwicklung in Gang setzen. Hier treffen wir auf den Engel in uns und können uns als diesen anerkennen. Am Ausdruck der Augen, an gewissen Äußerungen oder Verhaltensweisen können wir wahrnehmen, ob das Ego oder der Engel gerade aktiv ist. Immer mehr

Regeln, Grundsätze, Sitten und Gebräuche, Redewendungen und auch Gebetsformulierungen werden mit fortschreitender Entwicklung infrage gestellt. Was nicht dauerhaften Frieden verspricht, muss angeschaut und verändert oder losgelassen werden.

Hier können wir den strahlenden Augen und den friedvollen Worten der Engel vertrauen. Sie sehen alles im lichtvollen Sinne und berichten von einer unendlichen Liebe. Engel hören mit bewertungslosen Ohren zu und finden die beste Lösung für jedes Problem. Wie alles andere auch, benötigt es Übung, um die leise und feine Stimme in uns wieder zu hören und diese Botschaft genau so weiterzugeben. Wir sollen die Engelsbotschaft nicht bewerten oder gar infrage stellen, denn oft wissen wir nicht in vollem Umfang um die größeren, übergeordneten Zusammenhänge. Indem wir die himmlischen Ratschläge und Sichtweisen annehmen und umsetzen, werden wir ihre Richtigkeit erkennen. Weitergehend übermitteln wir die Engelsworte auch denen, die uns darum bitten.

Wir lauschen in uns nach der Botschaft der Engel,
ahmen sie nach – und erinnern uns so an unser eigentliches Wesen.
In uns spüren und wissen wir um die Präsenz der dauernden
Liebeskraft als größte Heilkraft im ganzen Universum.

Wir werden selbst wieder sichtbar zu dem strahlenden, lichterfüllten Wesen, das wir immer schon waren. Dies ist unser wahrer Heilungs- und Lichtkörperprozess, was der Läuterung unseres Egos entspricht. Wir heilen unseren alten Schmerz, der sich in unsere Psyche oder in unseren Körper gelegt hat und sich auch in unserem Umfeld widerspiegelt. Das ist gut so. Nur so kommen wir unserem Ego auf die Schliche, das ein Meister im Verdrängen, Abwehren, Angreifen, Schuldzuweisen und im Festhalten von Ängsten ist. Eines nach dem anderen darf heilen. Idealerweise löst sich vieles auf einmal.

Jeder Schmerz hat seine Geschichte. Jede Krankheit hat ihre geistige Ursache, die es zu erlösen gilt. Die Organe berichten von alten Traumata und verletzten Gefühlen, die noch nicht geheilt sind. Wie der Körper mit seinen Beschwerden um die

Vergebung vergangener Erlebnisse bitten kann, möchte ich anhand des folgenden Berichtes verdeutlichen:

Ich hatte früher immer wieder Blasen- und Nierenschmerzen. Mir war klar, dass diese Symptome alte Ängste, einen inneren Druck und meinen nagenden Zweifel anzeigten. Oft hatte ich mir schon selbst die Hände aufgelegt und den Engel der Heilung, Erzengel Raphael, um Hilfe gebeten. Immer mehr wurde mir das Ausmaß meiner Ego-Gedanken bewusst. Verschiedenste Ängste, mein Perfektionsdrang und Zweifel an der Richtigkeit meines Tuns offenbarten sich mir. Immer wieder übergab ich all die Schwere und Last den Engeln, bei denen ich stets größtes Verständnis und dauerhafte Hilfe in Form wertvoller Ratschläge und tiefster Liebe zu mir fand. Innerer Halt, Vertrauen und Festigkeit waren die Geschenke, die hierdurch stetig in mir wuchsen. Ganz klar wurde mir nun auch der direkte Zusammenhang, wie sich »Altlasten« aus dem Ego in Organen verfestigen und sich dort als Symptome zeigen können. Meine Hinwendung zur geistigen Heilweise hatte mich mittlerweile zu den Engeln geführt. Ich pflegte heilige Liebesbeziehungen zu immer mehr hilfreichen Freunden im Licht und hieß viele Engel und Erzengel in mir willkommen.

Als sich meine Blase und Nieren wieder einmal mit Druck und Ziehen bemerkbar machten, bat ich meinen Mann, mir seine Hand aufzulegen. Gemeinsam beteten wir um Heilung. Mit meiner ganzen Aufmerksamkeit spürte ich in meine Blase hinein. Dort war es in diesem Moment dunkel und trostlos. Warum war das so? Was war einst geschehen? Welches verletzte Gefühlskind wollte sich heute zeigen, um geheilt zu werden?

Ich bat die Engel um Vertrauen in die Heilung. Vor meinem geistigen Auge nahm ich wahr, wie warmes Licht meine Blase und beide Nieren füllte und mit Liebeskraft durchflutete. Nun war ich stark und geschützt genug, um ein Bild aus vergangen Zeiten aus dem Unbewussten aufsteigen zu lassen:

Ich sah mich vor Angst zusammenzucken, denn ein großer »Herr« erhob gegen mich die Hand, um zuzuschlagen. Dabei war der Gedanke präsent: »Ich habe doch nichts Falsches getan.« Die Furcht vor Bestrafung erfüllte mich vollkommen. Ich spürte mich mit einer Tat konfrontiert, die aus meiner Sicht ein Segen sein sollte, aber von höherer Seite als Ungehorsam beurteilt wurde und bestraft werden sollte.

In diesem Moment verstand ich meine Blase, die diese alte Angst in sich gehütet hatte, und auch meine Nieren, die durch den Schmerz ihre Zweifel an der Richtigkeit der Offenbarwerdung meiner inneren Wahrheit spiegelten. Ich sah mich in einem Albtraum gefangen und wusste nun, warum ich litt.

Doch nun, als Erwachsene, war ich endlich bereit, bewusst alle Ängste und Zweifel hierüber loszulassen. Es zeigte sich ein Meer von Ängsten, die ich nun heilen lassen wollte. Ich hatte in meinem Leben schon so vieles hinter mir gelassen. Jetzt war ich fest entschlossen, mir selbst zu vergeben, dass ich bisher immer noch unbewusst am Ego festgehalten hatte. Ich bat die Engel, mir hierbei zu helfen. Ich bekam die Inspiration, alles Belastende, Ängste, Zweifel und Druck in einen Koffer zu legen, diesen abzuschließen und ihn der leuchtenden Gestalt von Erzengel Raphael zu übergeben. Es war eine innere Befreiung. Gespannt beobachtete ich, wie sich dieser schwere Koffer in den leuchtenden Händen des Engels verwandelte. Statt des Koffers war nun ein unglaublich helles Licht zu sehen. Im gleichen Augenblick erhellten sich auch meine Blase und beide Nieren vollständig.

Es war, als ob ich meine Organe in einer Art himmlischem Sanatorium in ein unglaublich wohltuendes Bad mit goldenem Wasser legen würde, auf dass diese all das bekämen, was sie in diesem Moment brauchten: nur reinste Liebe mit tiefstem Vertrauen. Das war solch eine Wohltat, dass ich beschloss, mit meinem gesamten Körper in dieses goldene Heilungsbad einzutauchen. Ich war vollkommen erfüllt und spürte, dass ich heil wurde. Das konnte geschehen, weil ich zuvor darum gebeten hatte. Mir wurde daraufhin in vielfältiger Weise gegeben.

Was war der Segen, der in den Blasen- und Nierenbeschwerden lag? Was konnte ich hier entdecken und lernen? Nun kamen mir weitere Gedanken in den Sinn. Ich sprach innerlich zu mir: »Ich möchte niemandem Schaden zufügen.«

Mir wurde bewusst, wie nah Fluch und Segen beisammen liegen, und ich suchte in mir nach Worten, um diese Aussage positiv zu formulieren:

»Ich bin Liebe und liebe.
Ich bin Heilerin und heile.
Ich bin Segen und segne.«

Die Heilung gestaltete sich als intensive, befreiende Innenschau. Liebevoll sprach ich zu meiner Blase und zu meinen Nieren: »Liebe Blase, liebe Nieren, seid geheilt und gesegnet in mir. Ich liebe euch. Ihr seid für mich Engel, die mir wunderbar dienen. Danke für alles.«
Es war eine völlig neue Erfahrung, den Engel in jedem kleinsten Teil zu sehen, ihn auch in den Organen wahrzunehmen. Dies alles beschenkte mich mit vertieften Einsichten und mit einer noch größeren Liebe zur mir selbst und zu all den vielen Helfern in mir und rings um mich herum. Die Schmerzen waren verschwunden.

In den Schmerz hineinzufühlen und Engelshilfe zu erbitten, kann Wunder bewirken. Schmerzliche Ereignisse aus vergangenen Zeiten werden bewusst gemacht, und die daraus resultierenden Blockaden dürfen sich auflösen. Übrig bleiben größte Dankbarkeit, unglaubliche Liebe und das Bewusstsein, dass in jedem Schmerz ein großes Geschenk liegt. Auch ein Heiler ist ab und zu bedürftig und nimmt gerne Hilfe an. So danke ich meinem Mann, der mir damals fürsorglich seine Hände auflegte, mit mir betete und großer Segen für mich war – und immer sein wird.

Heilung ist die Berichtigung von Ego-Gedanken.
Heilung ist ein Zurückkehren in den Engelsgeist.

Bleibe dir treu, stehe zu dir, und wisse,
dass du ein ewig geliebter Engel bist.

Übung:
Die Erkenntnis deiner Engelsnatur

Spüre ganz in dich hinein, bis du den Engel in dir fühlen kannst.

* **Atme dreimal tief in deinen Bauch.**
* **Spüre deine Füße auf dem Boden.**
* **Lächle dein Herz an.**
* **Sage dreimal in dein Herz: »Ich liebe mich.«**
  Meine wirklich, was du sagst. Spüre deine Liebe zu dir, bis alle Zellen
  in deinem Körper zu lächeln beginnen.
* **Bete:**
  »Ich öffne mich für die lichtvolle Geistige Welt und heiße
  meinen Schutzengel willkommen.
  Mein lieber Schutzengel, ich bitte jetzt um die Erkenntnis
  meiner Engelsnatur.«
* **Stelle dir vor,** wie sich die Tür in deinem Zimmer öffnet und dein
  Schutzengel eintritt. Betrachte diesen wunderschönen Engel,
  der voller Herzenswärme und Freude auf dich zukommt.
  Wie sieht er aus? Wie zeigt er sich dir heute? Schaue auf das Bild,
  das sich dir jetzt in deinem Inneren zeigt. Wie es ist, ist es gut.

Der ganze Raum ist in brillantes Licht getaucht, das dich in tiefes
Vertrauen und echte Geborgenheit hüllt.

* Dein Schutzengel stellt sich hinter dich und legt dir seine lichtvollen Hände auf die Schultern. Dein ganzer Körper wird mit weiß-goldenem Licht und purer Heilkraft durchströmt. Genieße dies. Stelle dir alles bildlich vor. **Spüre das Licht.** Spüre die Liebe in dir, und genieße das wohlige Beisammensein mit deinem Engel.

* **Lasse dich so lange mit Licht und Liebe durchfluten,** bis jede Zelle gefüllt ist und dein Körper und deine Aura ebenso hell strahlen wie dein Schutzengel.

    Nun gibt es keinen Unterschied mehr zwischen euch.
    Im Lichte verschmilzt ihr miteinander.
    Ihr seid eins. Vielleicht fühlt sich diese Ausdehnung des Lichtes so an, als ob du größer und stärker geworden seist.

* **Betrachte dich als Lichtgestalt,** präge dir dieses Bild gut ein, als wenn du innerlich ein Foto von dir als Engel machen würdest. Stelle das Bild auf deinen inneren Hausaltar, den du in deinem Herzen trägst.

Kehre dort immer wieder ein,
um dich deiner Engelsnatur zu vergewissern
und den Engel in dir zu leben.

Harmonie in Beziehungen

Liebe Vater und Mutter,
und segne deine Familie täglich.

Wer seine Beziehung zu Vater und Mutter geklärt hat, der ist auch mit sich im Reinen. Unsere Eltern haben uns den Wunsch zu inkarnieren erfüllt. Ihnen gebührt Dank für alles, was sie uns auf unserer Reise ins Erwachsenwerden mitgegeben haben. Die Kindheit prägt uns und hinterlässt positive oder weniger positive Erinnerungen. Vielen ist bewusst, wie wichtig es ist, Frieden zu wahren. Die Grundlage hierzu ist der Frieden im eigenen Herzen, der weitergegeben wird. Dieser wird in harmonischen Beziehungen gelebt, wirkt sich förderlich auf Psyche und Körper aus und dient letztlich auch dem Weltfrieden. Alles beginnt in mir und weitet sich nach und nach auf meine Umgebung aus.

Sobald wir Zorn, Groll, Ärger, Neid, Gier, Eifersucht, Hass oder Missgunst in unser Herz hineinlassen, nähren wir unsere Ego-Ebene. Wir lassen uns durch eigene Ego-Gedanken oder durch eine Ego-Einladung unseres Gegenübers dazu hinreißen, die Sphäre der reinen Liebe zu verlassen. Unsere Reaktion auf Menschen entscheidet, ob wir einen Feind sehen oder einen Freund. Leidvolle Erfahrungen können wir in uns behutsam wieder heilen, oder wir häufen sie in uns an, und es entstehen Schuldzuweisungen und Schuldgefühle. Werden Fehler oder Konflikte nicht bereinigt, so baut sich mehr und mehr ein Feld der Schuld auf. Lange Zeit gelingt es unserem Ego, die Schuld zu verleugnen, zu verdrängen, auf andere zu projizieren oder sie im Inneren als Last, Druck, Unzufriedenheit und Unwohlsein zu spüren. Solch eine Lebenseinstellung kann von Generation zu Generation übernommen werden und wirkt sich auf das gesamte Familiensystem aus. Meist, wenn das Leid oder Unglück riesengroß ist, werden neue Wege und Mittel gesucht, um wieder glücklich werden zu können.

Im Laufe des Lebens gehen wir viele Beziehungen ein, um gemeinsam bestimmte Ziele zu erreichen und zu erleben. Aus unserem Engelsein heraus sind uns heilige Beziehungen, in denen bedingungslose Liebe gelebt wird, vertraut. Genau deshalb schmerzt es uns so sehr, wenn wir Ego-Beziehungen auf der Erde kennenlernen. Wir verspüren regelrechte Entzugserscheinungen. Wir leiden an einem Mangel an Liebe.

Wir gehen Hassbeziehungen ein, sei es mit Menschen, Gruppen, Rassen, Institutionen oder ganzen Nationen. Wir schieben anderen die Schuld zu, suchen Sündenböcke, um von unserer eigenen Schuld abzulenken bzw. uns so nicht mit ihr auseinandersetzen müssen. Solange aber der falsche Gedanke an die Schuld bleibt und wir diese beim Gegenüber noch sehen, sind wir mit dem Thema »Schuld« noch in Resonanz und finden keinen Frieden. Sehe ich bei dem anderen Schuld, so fühle ich mich auch schuldig. Erst wenn ich uns beide freispreche, d. h. mir und dem/den anderen vergebe, kann sich die Schuld auflösen.

In Ego-Beziehungen glauben wir noch daran, dass es wirklich Opfer und Täter gäbe. Wir bewerten und verurteilen einander und rechnen uns gegenseitig die Schuld auf, weil der Fokus auf dem liegt, was uns fehlt, woran es uns mangelt.

Aus dieser Situation des Mangels heraus gehen wir auch Liebesbeziehungen ein. Wir suchen im Partner oder der Partnerin das, was uns zu unserem Glück noch zu fehlen scheint. Dies kann uns eine Zeit lang von unserer eigenen Leere oder dem Gefühl, dass uns irgendetwas fehlt, ablenken oder dies erträglicher machen. Im Partner sehen wir Eigenschaften, die uns guttun und die eigene Unschuld bestätigen. Wie wird es aber sein, wenn sich der Partner verändert und uns diese speziellen Bedürfnisse und Erwartungen, die wir an unsere »große« Liebe haben, nicht mehr in unserem Sinne erfüllt?

»Du bist verantwortlich für mein Glück.«
»Du hast unser Glück und auch meine Gesundheit auf dem Gewissen.«

Der Partner ist schuld, dass ich mich nicht gut fühle, gar krank geworden oder nicht erfolgreich bin. Wir suggerieren so unseren Lieben Schuldgefühle. Der Partner wird als Besitz gesehen. Eifersucht, Erwartungshaltung und kaum zu erfüllende Ansprüche zeugen von einer Liebesfähigkeit, die noch in den Kinderschuhen steckt und erwachsen werden möchte.

Eltern-Kind-Beziehungen

Auch in Eltern-Kind-Beziehungen gibt es solche, die stark vom Ego geprägt sind, wo die Liebe nicht für alle die gleiche Gültigkeit hat, sondern mit bestimmten Ausnahmen oder Bedingungen verbunden ist.

Eltern können ihre eigenen, ego-behafteten Bedürfnisse auf ihre Kinder projizieren und diese als unzulänglich ansehen, sobald ihre eigenen Erwartungen nicht erfüllt werden. Die Kinder sollen ihre Eltern glücklich machen und ihrem Leben Sinn und Liebe geben. Oder die Erziehung zielt darauf ab, dass Kinder die Rolle ihre Eltern fortsetzen. Da Kinder nun einmal von der Liebe und Fürsorge ihrer Eltern abhängig sind, geraten sie unter massiven Druck und können Ängste entwickeln: Was ist, wenn ich die Erwartungen meiner Eltern nicht erfülle?

»Wie kannst du mir das antun? Ich erwarte Dank für all das, was ich für dich getan habe!«
»Wenn du lieb bist und tust, was ich für richtig ansehe, werde ich dich weiter unterstützen.«

Vielleicht erfüllen die Kinder eine Zeit lang die Wünsche der Eltern, oder auch nicht. Vielleicht ergreifen sie sogar deren Beruf und führen das Leben, das die Eltern sich für sie gewünscht haben – aber eine harmonische und vor allem bedingungslose Liebe, wie sie zwischen Eltern und Kind normal und wünschenswert wäre, ist das nicht. Das Kind wird irgendwann durchschauen, was da all die Jahre gespielt wurde, und dann kann die einseitige Liebe sogar in Hass umschlagen. Beide Seiten sind enttäuscht voneinander. Die Eltern interpretieren das Verhalten des Kindes als Undank, das Kind wiederum empfindet Kälte, Verständnislosigkeit und Egoismus vonseiten der Eltern. Auch wenn das Verhältnis zu den Eltern noch so schlecht und enttäuschend war, sollten wir doch versuchen, das Licht in ihnen zu sehen. Auch als »nicht gut« bewertete Väter und Mütter sind bedürftige Wesen, die aus ihrer damaligen oder jetzigen Unwissenheit und Unreife heraus gehandelt haben. Wer aber sagt, er selbst sei lichtvoll und sieht das Licht in den eigenen Eltern nicht, der befindet sich ebenso in der Dunkelheit des Egos.

> *Liebe, achte und würdige deine Eltern.*
> *Sie sind Teil deiner selbst.*
> *Sieh die Engel in ihnen.*

Auch in den liebevollsten Beziehungen wird es immer einmal zu Meinungsverschiedenheiten kommen. Haben wir gewaltfreie Kommunikation erlernt, so können wir im ehrlichen Dialog zu einer guten Lösung für alle Beteiligten kommen. Haben wir diese Herzenskommunikation nicht gelernt, so ergibt sich bei jedem Anlass die Gelegenheit, mit Engelsworten wieder aufeinander zuzugehen, anstatt sich gekränkt zurückziehen und mit Vorwürfen oder mit Liebesentzug zu reagieren, ohne den eigentlichen Konflikt zu lösen.

Anderer Meinung zu sein, gibt einem noch lange nicht das Recht, über jemanden zu urteilen oder ihn abzuweisen. Innerhalb der Familie gibt es immer wieder brisante Themen: Lebensführung, Erziehung, Aufgabeneinteilung, Ernährung, Arbeit … Praktisch jeder Bereich kann zum Reizthema werden, dessentwegen es immer wieder zu Streitigkeiten kommt.

Was ist hier der Sinn? Wer hat die Lösung?

Beziehungen bieten die Möglichkeit, aneinander zu wachsen und zu reifen – und so z. B. auch auf Herzensebene vergeben zu lernen. Hierzu bedarf es immer einer lichterfüllten Sichtweise. Die Voraussetzungen für den Familienfrieden sind der aufrichtige Wunsch und die Absicht, ein harmonisches Leben zu gestalten, bei dem sich jeder verwirklichen darf bzw. die Wünsche und Bedürfnisse aller erfüllt oder zumindest berücksichtigt werden. Wer sich zu sehr auf die eigenen Erwartungen fokussiert, oder wer sich auf der anderen Seite nicht erlaubt, die anklopfenden Herzenswünsche zu leben, der gestattet dem Ego seine weitere Entfaltung. Die Folgen können sehr wehtun.

Alle Schuld, die wir in unseren Beziehungen noch nicht vergeben haben,
wird sich immer auf die eine oder andere Art wieder
mit der Bitte um Heilung zeigen.
Der Engel in uns weiß, dass es keine Schuld gibt.
Statt an der Schuldfrage zu haften,
ist der Engel an Einigung und Dialog interessiert.

Eine Frau litt unter dem herrisch-autoritären Verhalten ihres Vaters. Von Kindheit an hatte sie Selbstwertprobleme und war ihrem Vater immer, so gut es ging, ausgewichen. Sie zog mit ihrem Mann weit weg vom Elternhaus, um die Kontrolle und die Übermacht ihres Vaters nicht ständig ertragen zu müssen. Die Flucht bzw. das Verdrängen des Problems änderte jedoch an ihrem mangelhaften Selbstwertgefühl nicht viel. Sie fragte mich, wie sie in ihrer Beziehung zu ihrem Vater Frieden finden könne.

Was war hier die Lernchance? Welche Seelenabsprache lag hier zugrunde?

Immer wieder zeigen sich mir in Heilsitzungen innere Bilder, in denen ich beobachte, wie noch nicht inkarnierte Seelen miteinander Verabredungen treffen, um auf der Erde bestimmte Lernerfahrungen zu machen. In diesem Falle sah ich, wie die Seele dieser Frau als pures Licht mit der ihres jetzigen Vaters kommunizierte und ihm ihren Wunsch mitteilte, im nächsten Erdenleben eine tiefere Bewusstheit zum

Thema »Selbstwertgefühl« erlangen zu wollen. Der Vater hatte eingewilligt, ihr nach bestem Wissen dabei zu helfen, und bat sie, dies nicht zu vergessen. Es war ihm bewusst gewesen, dass er sie würde herausfordern müssen, um Minderwertigkeitsgefühle und übertriebene Selbstüberschätzung zu entlarven und ablegen zu können. So würde seine Tochter dann eine gesunde Selbstliebe entwickeln können, die Selbstachtung und Selbstwertschätzung konkret definiert und in die Tat umsetzt. So tief man schaut, so hoch kann man auch schauen. Es kommt immer auf den Blickwinkel an, und so stand es auch dieser Frau offen, diesen Mann als Tyrannen abzulehnen. Ihren Vater als Lebenslehrer anzusehen, war ihr bislang fern und fremd gewesen. Doch es fand in diesem Moment ein innerer Wandel statt, in dem sie beschloss, ab heute ihrem Vater auf Augenhöhe zu begegnen und ihre Meinung klar zu vertreten. Sie wusste auch um ihre Macht, den Vater zu verdammen oder ihm zu vergeben, ihn zu lieben, und ihm für diese Lektion – bzw. die Einhaltung der Absprache – zu danken. Das eine würde ihr und ihrer Familie zum Verhängnis werden, das andere dem höchsten Wohle aller dienen.

Natürlich können Eltern oder andere Bezugspersonen einem Kind auch Selbstwert mit auf den Lebensweg geben, indem sie es mit Herzensliebe und Respekt behandeln. Doch da nicht alle Eltern bewusste Engel sind, führt der Weg zum Licht oft durch Leid und bittere Erfahrungen.

Ehe und Scheidung aus der Sicht der Engel

Engel urteilen nicht, auch nicht über eine Scheidung.

Wenn zwei Menschen sich trennen, ist dies eine Entscheidung, über die Außenstehende nicht urteilen sollen. Voreilige Urteile, Wertungen, Beileidsbekundungen oder Vorwürfe bringen niemanden weiter. In der Ehe gehen zwei Menschen einen Bund ein und gestalten daraus eine ganz besondere, intime Liebesbeziehung, die all ihre Höhen und Tiefen haben kann. Bei einer Scheidung trennen sich die Wege. Es können große Schuldgefühle dem Partner und auch sich selbst gegenüber auftreten, weil das Eheversprechen nicht eingehalten wurde. Der Geschiedene schämt sich, befindet sich für unwürdig und als Versager – oder aber er schiebt die Schuld auf den ehemaligen Partner.

Wir verlieben uns und wählen dabei eine Person aus, von der wir den Eindruck haben, dass wir mit ihr gemeinsam »ganz« werden könnten. Entwickelt sich ein Partner weiter, während der andere an seinem eigenen Mangel festhält, so ist dies eine Situation, in der Reife und Vergebungsbereitschaft erlernt und angewendet werden können. Der Partner spiegelt den eigenen Mangel oder unbewusste Schuldgefühle. Es kann auch ein neuer Partner gewählt werden, der vorübergehend die Rolle des »richtigen« Partners einnimmt. Es gibt aber keinen dauerhaft perfekten Partner auf Erden, denn wir alle sind ja auf unserem Heilungs- und Vervollkommnungsweg.

Der Engel in uns ist der beständig liebevolle und ideale Partner auf der Erde. Jeder Mensch trägt in sich das Potenzial, ein idealer und vollkommener Partner zu sein. So können wir mit jeder/jedem glücklich sein, wenn wir uns auf unser Engelsein einlassen, indem wir unsere Ecken und Kanten akzeptieren und gemeinsam auf dem Weg der Heilung weiter voranschreiten. Wir suchen den richtigen Partner in unseren Beziehungen, bis wir den Engel in uns selbst und gleichzeitig im Gegenüber finden.

Das Ego ist es, das mir bei Schwierigkeiten rät, mich zu trennen oder als Opfer träge in der Beziehung auszuharren. Solange wir dem Ego Gehör schenken, werden sich Leid und Schmerz immer wieder zeigen und sich auch auf unsere Kinder übertragen.

Jede Heilung setzt Vergebung voraus.
Wenn wir uns und anderen vergeben,
kann Heilung beginnen.

Ein Engel verurteilt nicht, wenn sich jemand scheiden lässt. Eine Scheidung ist neutral als Lernerfahrung zu sehen. Scheidung ist keine Schande, vielmehr stellt sie eine Möglichkeit dar, vergeben zu lernen, das Miteinander mit einem gewissen Abstand neu zu gestalten, sich auf anderer Ebene wiederzufinden und trotzdem weiter zusammenzugehören. Wenn wir unseren inneren Engel bitten, uns dahingehend zu stärken, dass wir bereit sind, unsere Schuldgedanken in der Vergebung loszulassen, wird Heilung geschehen.

Wenn wir an der Schuld festhalten, muss der Engel warten. Und das tut er geduldig. Er hat mit jedem Menschen Mitgefühl. Seine Liebe drängt sich nicht auf, sie verlangt nichts, sondern hält allezeit das Beste bereit.

Engelsliebe ist niemals auf Trennung aus – *sie vereinigt und will ein Miteinander schaffen.*

Wer mit dem Engelsblick auf eine aufgelöste Ehe schaut, kann auch das Gute sehen und dem Partner für alle Lerneinheiten aufrichtig danken. Im Idealfall sind dann beide befreit, was auch der Umgebung bzw. der restlichen Familie zugutekommt. Die Kinder spüren diese Erleichterung und können wieder an die Liebe glauben. Dies ist auch der Fall, wenn ein Teil der Familie schon verstorben ist. Auch wenn die Kinder immer als die Leidtragenden erscheinen, so ziehen sie aus der Versöhnung der Eltern größten Nutzen. Sie können lernen, wie aus Ablehnung wieder ein Verbündetsein entstehen kann, auch wenn dies mit äußeren Veränderungen einhergehen kann. Endlich können die Kinder wieder zu ihrer Liebe zu beiden Elternteilen stehen oder sie weiterentwickeln. Auch die Kinder geschiedener Eltern haben in irgendeiner Weise Resonanz mit diesem Thema und können hier Wichtiges lernen.

Ganz kritisch ist es, wenn ein Elternteil sehr viel von Liebe in der Familie spricht, aber diese Liebe nicht lebt. Die Kinder spüren den inneren Zwiespalt der Eltern und werden so extrem verunsichert. Trotzdem hat jedes Kind die Chance, echte Engelsliebe – unabhängig von Erziehung und Religion – in sich kennen- und lieben zu lernen. Jeder Mensch ist aufgrund seiner Erfahrungen einzigartig und verändert sich ganz individuell im Wachstumsprozess. Wahre Spiritualität überschreitet die unterschiedlichen Meinungen, Unterschiede und Glaubensfragen. Die Einheit in allem tritt zutage.

Engel behandeln niemanden schlechter oder besser. Jedes Geschöpf hat die gleichen Rechte und ist in ihren Augen äußerst wertvoll. Wenn auch wir Menschen diese Einstellung hätten, gäbe es weder Trennungen noch Kriege. Doch da ja auf der Erde das Gegenteil von Einheit und Frieden gelebt und erkundet werden darf, ist jedes Elternhaus und jede Ehe ein selbst gewählter Himmel, auch wenn es als Hölle empfunden wird. Nichts kommt auf uns zu, was wir nicht im hintersten Winkel unserer Seele eingeladen haben. So kann auch die Erfahrung einer Scheidung im Seelenplan eines Menschen wichtig und richtig sein. Der Urgrund der Liebe bleibt immer bestehen und wird auf andere Art und Weise weitergelebt. Wer sich nicht trennen möchte, bekommt bei Problemen in der Beziehung oder Familie die Gelegenheit, zu lernen, sich klar und liebevoll mitzuteilen, Konflikte anzugehen und zu lösen, zu vergeben, das Miteinander stärker zu üben – und eben noch mehr zu lieben. Durch dieses Training werden zugleich die Selbstliebe, die Selbstachtung und das Selbstbewusstsein gefördert, was uns wiederum dazu bereit macht, die eigene Engelsnatur anzuerkennen.

In der Lightway-Familienheilung erfahre ich immer wieder, wie sehr es den Getrennten wichtig ist, dem Expartner für die gemeinsame Zeit zu danken und ihm einen schönen Platz im eigenen Herzen zu geben. Er wird immer Teil des Lebens bleiben. Im Ego-Geist wird er ausgeschlossen. Im Engelsgeist ist er weiterhin eingeladen und gesegnet. Wer in der Lage ist, seinen früheren Partner täglich aufrichtig zu segnen, hat den Vergebungsprozess abgeschlossen und ist weit gereift. Dann steht einer neuen, glücklichen Partnerschaft nichts mehr im Wege. Doch auch hier wird jeder wieder dazu aufgefordert sein, seine Liebesfähigkeit noch weiter wachsen und reifen zu lassen.

Bisher habe ich noch in keiner Engelbotschaft vernommen, dass Engel zu einer Trennung raten. Der Himmel traut uns Menschen Unglaubliches zu. Vielmehr zeigen die Engel Wege und Möglichkeiten auf, hinter die Kulissen des Egos zu schauen und dort den Engel wieder neu zu entdecken.

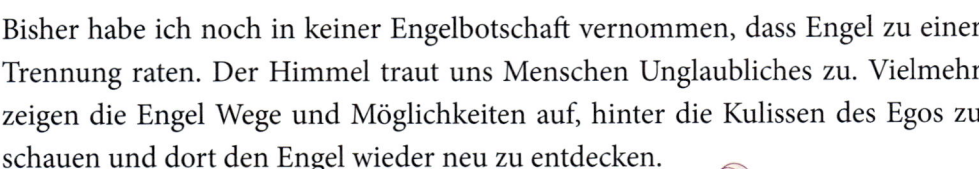

Mein Mann und ich wurden gebeten, die Schlafplätze von zwei Kindern zu untersuchen, die jede Nacht mehrmals wach wurden und zur Mutter ins Bett krochen.

Die Mutter war mit ihren Nerven und ihren Kräften schon fast am Ende, denn zudem hatte sich ihr Mann vor einiger Zeit von der Familie getrennt und wohnte nun in einem anderen Ort.

Seitdem war es mit dem Schlafverhalten der Kinder noch schlimmer geworden. Ich spürte gleich, dass die Kinder ihre Mutter nachts in ihrer Verzweiflung beistehen wollten. Zuerst untersuchte mein Mann die Betten der Kinder mit Messgeräten auf Störfelder und auf Elektrosmog. Tatsächlich stellte er eine recht erhöhte Belastung im niederfrequenten wie auch im hochfrequenten Bereich fest. Leider haben wir Menschen ja keine Sinnesorgane, die uns auf Elektrosmog oder Störzonen hinweisen. Erste Symptome wie Müdigkeit, Unruhe und Schlafstörungen zeigten Handlungsbedarf an. Mit der Rute konnte Wolfram eine Wasserader aufspüren, die unter dem Bett des Mädchens verlief. Dies erklärte, warum es sich jede Nacht in den hintersten Winkel des Bettchens an die Wand drückte. Unbewusst wollte es so der schwächenden Wirkung der Wasserader ausweichen. Tiere und Kinder haben noch diesen natürlichen Sinn, ungute Plätze zu meiden. Wir testeten den besten Schlafplatz in den Kinderzimmern aus und empfahlen der Mutter, diese noch weiter durch das Auftragen einer Abschirmfarbe sowie den Einbau eines Netzfreischalters zu optimieren. Das Schlafzimmer der Mutter war störungsfrei, doch ihre psychische Verfassung war weiterhin schlecht, denn sie wünschte sich so sehr, dass ihre Ehe gerettet werden würde. Gegenseitige Vorwürfe und Ablehnung machten das Zusammenfinden jedoch so gut wie unmöglich.

Ich fragte die Frau, ob sie gerne bete. Sie schüttelte den Kopf. Nochmals fragte ich sie, ob sie Vertrauen in die Engel habe. Wieder schüttelte sie den Kopf und weinte. Sie sagte, dass sie ihren Glauben in letzter Zeit verloren habe und nur noch wenig Hoffnung in sich trage. Ich empfahl ihr, jeden Abend mit ihren Kindern gemeinsam den Vater zu segnen. Zuerst solle sie jedes ihrer Kinder umarmen und sagen:

»Du bist für mich ein Engel. Das Allerbeste für dich. Ich liebe dich.«

Dann mögen sie und die Kinder auch den Vater in Gedanken mit diesen Worten segnen und ihm so die Möglichkeit geben, beständig geliebter Teil der Familie zu sein. Das würde den Kindern das Gefühl geben, nicht zwischen Vater und Mutter zu stehen, sondern aktiv für beide Gutes tun zu können. Jeden Abend dieses Segensritual durchzuführen und ein Gebet zu sprechen, werde den Kindern innere Ruhe verleihen.

Ich fragte auch das ältere Kind, wie es denn schlafe. Es winkte ab und erzählte, dass jeden Abend »böse Gestalten« kämen, vor denen es Angst habe. Ich erklärte ihm, dass es dann immer seinen Schutzengel um Hilfe bitten solle. Das würde bedeuten, dass das hellste Licht angehe und die dunklen Gestalten sich einfach auflösen würden. Voller Stolz zeigte mir das Kind einen Holz-Lightway-Engel aus unserer Schreinerei, den es vor einiger Zeit von der Oma geschenkt bekommen hatte. Diesen legte es gleich unter sein Kopfkissen und hatte von nun an nachts keine Angst mehr, denn der Engel – und somit das Licht – war ja an seiner Seite. Ich bat für dieses unruhige Kind um eine Botschaft von seinem Schutzengel und auch um dessen Namen, damit es den Engel persönlich ansprechen könne. Das Mädchen saugte jedes meiner Worte in sich auf, und ich war mir sicher, dass es alles genau verstand. Ich beschrieb ihr detailliert die Gestalt ihres Schutzengels und hörte in mir, dass das Kind große Segenskräfte in sich trage, die nun zum vollen Einsatz kommen wollten. Jeden Abend solle sie beim Zubettgehen noch weitere Familienmitglieder und Freunde in Gedanken segnen und hierbei glücklich und erfüllt einschlafen.

Der jungen Mutter empfahl ich, zum Erzengel Raphael zu beten. Denn als Heilungs-engel würde er sie in ihrem Schmerz verstehen und könne ihr beistehen und helfen. Ich sagte ihr auch, dass es wichtig sei, zu vergeben, dazuzulernen, positive, liebevolle Gedanken über ihren Mann zu hegen und diese dann im Gebet und der Segnung bewusst auszusenden. Wenn es dem höchsten Willen beider entspräche, könne dann irgendwann eine Versöhnung geschehen. Ich gab aber auch zu bedenken, dass viel-leicht auch ein ganz anderer Mann der richtige Partner für sie sein könnte, der durch ihren Wunsch nach einer harmonischen Beziehung bzw. die entsprechende Ausstrahlung auf sie aufmerksam werden würde. Diese Sichtweise nahm der Frau die Schwere, erfüllte sie mit Zuversicht und gab ihr das nötige Handwerkszeug, um aktiv für ihr Glück einzustehen.

Gebet:

»Lieber Erzengel Raphael,
bitte hilf, mir zu vergeben,
denn ich möchte jetzt glücklich sein.
Ich danke für den richtigen Partner zur richtigen Zeit.
Ich danke für alles Gute in meinem Leben.
Danke. Danke. Danke.«

Erläuterungen und Einsichten

In früheren Zeiten war vieles anders.

Um unsere Mütter und Väter, Groß- und Urgroßeltern sowie unsere Ahnen ohne Vorbehalte lieben und annehmen zu können, ist es hilfreich, ihre Lebensumstände genauer zu betrachten. In dieser Rückschau nehmen wir uns Zeit, um die Zusammenhänge zwischen der Vergangenheit und dem Jetzt zu ergründen. Wir erkennen übernommene negative Glaubenssätze und belastende Familienmuster, die sich in unseren heutigen Verhaltensweisen oder Abwehrhaltungen spiegeln.

Dies ermöglicht dann auch, die Mutter oder den Vater in dessen Lebensweise besser zu verstehen und deren Tun und Lassen aus liebevollen, vergebenden Augen zu betrachten und anzunehmen. Somit kann auch unsere eigene Vergangenheit besser angenommen und geheilt werden.

Wir wissen ja:
Das, was ich ablehne, bleibt bestehen.
Doch das, was ich bereit bin anzunehmen,
kann sich wandeln und heilen.

Frauen hatten über Jahrhunderte hinweg weniger Rechte. Sie wurden unterdrückt, waren oft wehrlos, wurden missbraucht und schlecht behandelt. Da es ihnen kaum möglich war, sich zu wehren, reagierten sie häufig mit Verweigerung, Liebesentzug oder flüchteten sich in eine Krankheit. Aus all diesem Hin und Her aus Unterdrückung und verzweifelten Versuchen, sich zur Wehr zu setzen, entstanden Hassgedanken, Schuldgefühle, unendliches Leid und Schmerz.

Männer vieler Generationen wurden durch Kriegserlebnisse traumatisiert, in denen sie Furchtbares erlebt hatten: Hunger, Elend, Todesangst, Sorge um das Überleben der Familie sowie die Wut gegen die Obrigkeit, die dies alles zugelassen bzw. heraufbeschworen hatte.

Schuld- und Hassgedanken ziehen ihresgleichen an. Nicht vergebene Schuldgefühle leben auch in den Nachkommen weiter, bis diese für eine Lösung bereit sind und in den Prozess der Vergebung einstimmen können, wie uns am folgenden Beispiel vor Augen geführt wird:

Vor vielen Jahren begab es sich, dass ein verliebtes Paar heiraten wollte. Doch der zukünftige katholische Schwiegervater der evangelischen Braut machte diese »unheilige Beziehung« für den Unfalltod seines zweiten Sohnes mit verantwortlich: Der Tod seines Sohnes sei die Strafe, weil Beziehungen zwischen evangelischen und katholischen Christen nie gut gerieten und Schlimmes über die Familien bringen würden.

Auch die Eltern der Braut waren gegen diese Hochzeit, die dann aber schließlich doch stattfand. Die Ehe wurde, wie von vielen vorhergesagt, wirklich nicht sehr glücklich. Jeder Ego-Gedanke ist wie ein Smog, der sich auf die Personen ausdehnt, wenn diese ihr inneres Licht noch nicht angenommen haben. Die Frau ließ es über sich ergehen, dass ihr Mann fremdging und ihr und auch den Kindern gegenüber gewalttätig wurde. Sie nahm alles an, wie es kam, und wehrte sich nicht. Aus Scham und Schuld blieb sie in dieser Ehe. Wohin hätte sie zu jener Zeit, in den 60er-Jahren, mit ihren drei Kindern auch gehen sollen?

Doch eines der Kinder, eine Tochter, die zu mir in die Praxis kam, lehnte sich auf. Sie verurteilte den Vater dafür, dass er ihre Mutter so erniedrigt hatte, und erkannte in der Lightway-Familienheilung die zwei Pole der Demut: von wahrer Demut bis hin zu deren übertriebener Form, die alles hinnimt und bis zur Unterwürfigkeit und Hörigkeit gehen kann. Der Mutter fehlte es an Selbstvertrauen, Stärke und Kraft. Sie konnte sich nicht vorstellen, wie eine harmonische und gleichwertige Partnerschaft verwirklicht werden könnte. Zudem gab es zur damaligen Zeit noch keine umfassende psychologische Betreuung und Eheberatung, keine Selbsthilfebücher, Seminare oder spirituelle Offenheit, denn üblich war noch der Glaube an den strafenden und richtenden Gott …

Auch der Mann hatte wegen seiner ärmlichen Herkunft und der Schande, die einige Geschwister über seine Familie gebracht hatten (ein Bruder war sogar im Gefängnis gelandet) Minderwertigkeitsgefühle. Seine Schwäche und Unreife kompensierte er mit Gewalt und außerehelichen Beziehungen. Auf der anderen Seite erarbeitete er sich durch verschiedene Vereinsdienste einiges Ansehen. Aber Vater und Mutter hätten auch gute Seiten gehabt, von denen die Tochter mit Begeisterung sprach. Trotz allem hatte sie eine hohe Meinung von ihnen. Im Gespräch fiel ihr auf, wie viel sie von all dem, was sie mir in der Familienheilsitzung erzählte, auch in ihrem eigenen Dasein auf die eine oder andere Art lebt. Sie konnte sich selbst in den Eltern erkennen, und ihr innigster Wunsch, ihrem Vater auf Herzensebene vergeben zu können, erfüllte sich in genau diesem Moment, während unserer Sitzung im Institut, weil allumfassende Liebe ihr eigenes Herz voll ausfüllte.

Es geht nicht darum, jemand anderen von seiner Schuld freizusprechen. Es gilt nur, den eigenen Geist von irrealen Schuldgedanken zu befreien. Hierbei werden heilende Wellen freigesetzt, die sich im Körper, in allen Beziehungen und zeitgleich in der Welt weiter verbreiten und Gutes bewirken. Die Verantwortung für die eigenen Worte und Taten trägt jeder selbst. Schon allein durch die Entscheidung, vergeben zu wollen, kann Heilung einsetzen. Um die alten Verletzungen wirklich hinter sich zu lassen und um dauerhaft zu heilen, müssen auch dementsprechend gute Worte und Taten folgen.

Nichts geschieht ohne Grund.

Negatives zieht Negatives nach sich. Gutes geschieht aus Gutem heraus.
Es gehören immer zwei, die in Resonanz zueinander sind, zu einem Streit oder
zu einer harmonischen Beziehung.

Aus allem können wir lernen und weiter wachsen – wenn wir es wollen.

Wenn beispielsweise jemand als Kind von seinen Eltern geschlagen wurde und später seine eigenen Kinder auch noch schlägt, hat jener Mensch in dieser Hinsicht bisher noch nicht viel dazugelernt. Er hat das zur Gewalt neigende Ego-Verhalten seiner Eltern übernommen. Einem solchen Menschen ist nicht bewusst, was er für die Zukunft sät, weitergibt und aufrechterhält. Wenn die Kette der Gewalt durchbrochen werden soll, ist es nötig, den Eltern die Schläge zu vergeben bzw. darin deren eigenen Mangel an gelebter Liebe zu erkennen.

Glaubt das Kind dann aber, dass es selbst »besser« als seine Eltern oder seine Feinde sei, und stellt sich über sie, so ist dies keine wahre Vergebung im engelhaften Sinne! Dies ist eine Ego-Vergebung, die weiter entzweit anstatt zu verbinden!

Wenn wir jedoch »wirklich« und mit aufrichtigem Herzen vergeben können, beginnen wir zu verstehen, dass all diese Ego-Verhaltensmuster aus leidvollen Traumata der Vergangenheit heraus entstanden und seither noch präsent sind. In jedem von uns steckt auch der Mensch, der grausam und ungerecht sein kann. Sobald wir so weit sind und wirklich mitfühlend auf das Leben der Eltern schauen, ist wahre Vergebung und somit auch der Beginn der eigenen Heilung möglich.

Wenn unsere Eltern damals, als wir Kinder waren, schon alles gewusst hätten und vollendete, in dauernder Erleuchtung wandelnde Erdenengel gewesen wären, hätten sie uns vielleicht gar nicht zur Welt gebracht. Sie wären wahrscheinlich schon wieder in ihrer feinstofflichen Form in himmlische Sphären zurückgekehrt, weil ihre irdische Aufgabe, sich an ihre Göttlichkeit zu erinnern und diese auf Erden zu leben, vollendet gewesen wäre. Sie hätten uns Kindern in dem Sinne keine Lernaufgaben spiegeln können. Die Erde ist zum Lernen und Entdecken da.

Wir alle sind noch mitten im Vergebungsprozess. Machen wir uns nichts vor: Wir sind nicht besser als unsere Eltern, nur anders. Sie gaben stets das, was sie in jedem Moment zu geben vermochten. Genau dies tun wir auch. Deshalb sollten wir nicht werten und auch nicht alles aufrechnen. Unsere Kinder werden dies ebenso erleben.

Die einzige Möglichkeit, jetzt glücklich zu sein, ist die Vergebung. Wer dies selbst noch nicht vollends schafft, weil er sich seiner eigenen Vergebungskraft noch nicht gewahr ist, der suche einen weisen Lehrer, Heiler, Priester oder Freund auf, der echte Vergebung lehrt und lebt. Viele himmlische und einige irdische Engel dienen uns heute mit ihrer erlangten Weisheit und reinsten Liebe. Erfreulicherweise sind alle bewussten Engel sehr geduldige und liebevolle Wegbegleiter, die jedem das Allerbeste zutrauen, die allezeit die gleiche Größe und Weisheit in uns sehen.

Die Engel sagen:

- Gewöhne dich an den Gedanken, dass es keine Schuld gibt.
- Lasse deine Schuldgefühle los. Vergib!
- Ich strecke dir meine Hand entgegen. Übergib mir deine Last.
  Ich verwandle diese zu deinem Segen.
- Segne deine Eltern. Segne alle deine Geschwister, Verwandten
  und Freunde. Segne alle Wesen.
- Verbeuge dich aufrichtig vor dem Leben deiner Eltern,
  verbeuge dich vor dir und allen.
- Liebe dich und dein Leben so, wie es jetzt gerade ist.
- Glaube an deine unbegrenzte Kraft.
  Traue dir selbst und allen anderen das Allerbeste zu.
- Gönne es jedem, glücklich und wohlhabend zu sein.
  Gönne es auch dir selbst.
- Hilf du als Engel mit, die Menschen um dich herum von ihren
  Schuldgedanken und Schuldgefühlen zu befreien.
  Durch dich kann Vergebung gelehrt werden und Frieden einkehren.

Vermeide bitte Sätze bzw. Aussagen, die sehr verletzend bzw. demotivierend sind. Für einige können sie ein großer Ansporn sein, bei anderen wirken sie allerdings äußerst kränkend und können eine anhaltende Krise auslösen. »Die schafft das nicht.« »Aus der wird eh nichts.« »Der ist so dumm wie kein anderer.«

Was können solche Sätze außer Demütigungen noch hervorbringen? Vielleicht entstanden schon Karrieren, weil ein inneres Aufbegehren unglaublich viel Energie freisetzte und entsprechend Auftrieb gab. Aber meist wird wohl das Gegenteil der Fall sein, und der so Angesprochene wird sich für lange Zeit nichts mehr zutrauen.

Trägst auch du solch eine herabsetzende Aussage als Glaubenssatz in dir? Glaubst du diesem Satz noch immer? Oder konntest du ihn

1. durchschauen,
2. annehmen,
3. vergeben,
4. loslassen und
5. segnen?

Was bringt das Festhalten an Schmerz und Schuld? Die Folge wäre weiteres Unheil. Frieden muss ersehnt sein im Wissen, dass dieser pure Heilung ist.

Segnen ist erwünscht. Segnen darf jeder. Segnen ist nicht verboten oder bestimmten Gruppen vorbehalten. Wer andere segnet, der sendet den Strahl des Göttlichen aus und nimmt jeden liebevoll an, wie er gerade ist.
Der Weise ist sich bewusst, dass die hohe Schwingung die niedere auflöst. Kein Dunkel hat im Licht Bestand.

Das Beenden und Aufgeben der Ego-Idee ist für jeden gewiss:
Jede Lebensreise endet damit, dass wir uns wieder in der bedingungslosen Liebe einfinden – jeder zu seiner richtigen Zeit.
Zuvor lockt das Ego immer wieder als Teil unserer freien Wahlmöglichkeit. Dabei will es jedoch nichts verändern. Der heilige Engel in uns macht aus jeder Begebenheit unseres Lebens eine Möglichkeit, zu lernen, sich weiterzuentwickeln oder zu einer Erkenntnis zu gelangen. Dann, wenn ich bereit bin und mir Frieden, Harmonie und Heil wünsche, kann das Ego durchleuchtet und gewandelt werden.

Engel sind immer an der Seite des Menschen. Sie unterstützen und helfen großartig, wenn ihr jeweiliger Schützling dies möchte bzw. zulässt. Im anderen Falle, wenn der Mensch die Hilfe der Engel bzw. des Göttlichen ablehnt, weil er nicht daran glaubt, so hat er sein eigenes wahres Wesen und somit sein riesiges Potenzial noch nicht erkannt. So projiziert er Zweifel und Abneigung, die er in Wahrheit auch gegen sich selbst hegt, auf die Engel. Wie geblendet schaut er von sich weg und überträgt diese Fehlsicht auf andere – auch auf Gott und alle seine Engel.

Hier ist ein äußerst wichtiger Lernschritt nötig: Nicht der Engel muss mir vergeben, sondern ich muss mir meine schuldbehafteten Gedanken vergeben, die ich mir oder anderen gegenüber habe. Dann bin ich wieder der Engel, der die Tugend der Bewertungslosigkeit lebt.

Ego-Stagnation:

Gedanken, die uns nicht weiterbringen:
- Womit habe ich das verdient?
- Warum ist das geschehen?
- Niemand hilft mir, immer bin ich alleine.
- Ich habe meinen Glauben verloren.

Oder:
- Ich bin ein schlechter Mensch.
- Ich schäme mich für …
- Ich weiß nicht mehr weiter.

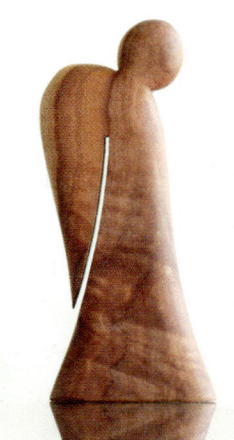

Lightway-Engel

Kennst du die Geschichte von dem Mann, der in Seenot war und zu seinem Schutzengel gebetet hat? Natürlich sandte der Engel Hilfe. Es kam ein Schiff und wollte den Schiffbrüchigen aufnehmen. Doch der Mann winkte ab und sagte, dass sein Engel ihn retten werde. So kamen noch zwei weitere Boote vorbei und wollten helfen. Auch diese wies er ab, um die Engelsgestalt persönlich zu erwarten. Als er schließlich ertrank, fragte er seinen Engel, der ihn schon im Licht erwartete, warum er denn so untätig gewesen sei. Dieser lächelte und sagte, dass viele Engelhelfer ihn gerne gerettet hätten, doch allen habe er eine Absage erteilt.

Die höchste Liebe ist frei von Ego.
Deshalb erhebt diese ursprüngliche Liebesenergie jeden von uns zum Engel, zum besten Ratgeber, Heiler, Arzt, Psychotherapeuten, Freund und Partner. Weisheit und heilsame Kraft strömt aus unserem Engelswesen, das zugleich unser höchstes Selbst ist.

Heilung und Frieden ist im Engelsein jederzeit möglich.

Dein Engel streckt dir immer seine Hand entgegen und fragt dich, wie er dir in Liebe dienen kann. Übergib ihm deine Last, deine Schmerzen, deine Wut und auch deine Ablehnung gegenüber dem Leben sowie all dein schlechtes Gewissen und die Angst, nicht gut genug zu sein. Engel helfen jedem, der aufrichtig um Frieden und um Heilung bittet. Frieden und Heilung sind Synonyme und stehen für all das, was dem eigenen Heilsplan nicht zuwiderläuft und keinem anderen Wesen schadet.
Dein Engel ist als innerer Frieden und als stetige Gesundheit in dir präsent.

Befreist du Menschen von Schuldgefühlen, legst du gleichzeitig die deinen ab. Beständig lernst du hierbei an Mitgefühl und Liebe dazu. Glaube an deine Kraft, Wunder bewirken zu können. Heiße deine lichtvollste Essenz willkommen, und folge ihr.

Der Körper spiegelt schmerzhafte Beziehungen

Ehrlich und getreu seinen Anweisungen folgend, verleiht der Körper unserem Geist für die Dauer der irdischen Inkarnation eine äußere Hülle. Das Äußere darf uns aber nicht täuschen, denn auch, wenn der Körper durchschnittlich oder gar entstellt ist, sollten wir doch bedenken, dass in jeder Zelle ein Engel wohnt.

Auf der höchsten Schwingung unseres Seins sind wir engelsgleich, vital, voller Lebenskraft und -freude. Körper, Geist und Seele sind in Harmonie. Liebevolle und wohlwollende Freundschaften werden gepflegt, sowohl in der Beziehung zum eigenen Körper als auch zu den Mitmenschen, Tieren, zur Natur und allem, was ist.

In jedem Zeichen, das uns der Körper gibt, steckt eine Botschaft unserer Seele. Da Körper, Geist und Seele eine Einheit bilden, kann dies gar nicht anders sein. Wenn wir aus dem Ego heraus agieren oder reagieren, hat das Auswirkungen auf den Körper und unser gesamtes Umfeld. Schon anhand meines Gesichtsausdrucks wird meine derzeitige innere Verfassung sichtbar, was dem Ego oder dem Engel meines Mitmenschen ein entsprechendes Resonanzfeld bietet.

Wir haben in unserem Körper einen sehr guten Freund und steten Kameraden, der uns Auskunft über unseren Gemütszustand geben kann. Schaden wir uns oder anderen über längere Zeit hinweg selbst, so sehen und spüren wir dies irgendwann körperlich. Chronische oder sogar vererbte Krankheiten können jeweils Anzeichen eines Konfliktes sein, der lange Zeit nicht gelöst oder ins Unbewusste verdrängt wurde. Durch Beschwerden, Schmerzen oder gar Unfallverletzungen wird der Mensch aufgefordert, liebevoll auf sich zu schauen. Wer seine Probleme gerne ignoriert oder mit Süchten zu betäuben versucht, wird von seinem Körper »eingeholt«, um innezuhalten und sich wieder zum Licht hin auszurichten. Eine Krankheit gibt Anlass und oft auch die nötige Zeit, um sich über anstehende Entscheidungen und Änderungen klar werden zu können. Der Genesungsvorgang wird durch die Umsetzung der Seelenwünsche stark beschleunigt. Innere Ordnung ist in Resonanz mit äußerer und körperlicher Ordnung:

Geistige Gesundheit zieht körperliche Gesundheit nach sich. Ein Mensch, der sich seines inneren Lichtes bewusst ist und tagtäglich mit seinem göttlichen Engel verbunden ist, der lebt in harmonischen Beziehungen, ist erfolgreich und zufrieden.

Somit ist jeder Schmerz eine Bitte der Seele um Optimierung gewisser Denkweisen und Einstellungen. Den Zusammenhang zwischen meinem Körper und meinem Leben zu sehen, ist Ausgangspunkt für jede Heilung. Wenn wir wissen, welcher alte, im Ego weilende, seelische Schmerz die Beschwerden verursacht hat, können wir aktiv unsere Genesung unterstützen, indem wir diese alten Wunden bewusst anschauen, annehmen und heilen oder versuchen, mit Einschränkungen umzugehen. Jedoch ist es nicht sehr hilfreich, ausschließlich im Dunkel des Unbewussten zu stochern und sich darin zu verlieren. Besser ist es, wir wenden uns gleich an unsere lichtvollsten himmlischen Ärzte und Heiler, um Hilfe und klare Erkenntnis zu erbitten. Die Integration und Anwendung der lösenden Engelsgedanken im Alltag birgt die Chance auf dauerhafte Heilung in körperlicher, zwischenmenschlicher sowie materieller Hinsicht.

So hat jeder Schmerz, jede Krankheit und jede Disharmonie eine ganz persönliche Geschichte:

Eine Heilerkollegin kam mit Nierenbeschwerden zu mir. Wie immer betete ich und bat den Schutzengel dieser Frau um Führung, um Erkenntnis und um tiefe Heilung für sie. Ich legte ihr behutsam meine Hände auf ihre Nieren und gab mich meiner inneren Führung hin. Es zeigten sich zarte Farbtöne in Rosa und Grün. Ich bat den Engel, den Schmerz zu offenbaren, der sich in den Nierenbeschwerden äußerte. Welches verletzte Gefühlskind drückte seinen Kummer mithilfe dieses Organs aus? Was war einst geschehen, das bis heute immer noch schmerzte? Ich befragte die Klientin, ob sie bereit sei, sich mit den Dingen der Vergangenheit auseinanderzusetzen.

Sie nickte und öffnete ihr Herz noch weiter für den Heilungsstrom, der aus meinen Händen in ihre Nieren floss. Da eröffneten sich der Frau Bilder aus ihrer Kindheit. Sie erinnerte sich daran, dass es in der Familie ihrer Mutter Erbstreitigkeiten gegeben hatte. Der Schwager ihrer Mutter sei ein sehr dominanter und herrischer Mann gewesen. Am Totenbett seines Schwiegervaters brachte er vor, dass er und seine Frau ein bestimmtes Grundstück erben wollten. Da entbrannte vor dem gerade verstorbenen Vater ein Streit unter den drei Geschwistern.

Was können Worte bewirken?
Was entsteht aus Streit?
Was gibt es hier zu lernen?

Wie würden Engel Erbangelegenheiten regeln?
Gibt es Gerechtigkeit? Geht ein ungelöster Konflikt tatsächlich »an die Nieren«?

Die Klientin weinte vor Schmerz über diese Familienfehde, die sich über viele Jahre hinzog. Obwohl die Klientin diesen Streit als Kind nicht persönlich miterlebt hatte, waren für sie doch die Kälte und der Groll innerhalb der Familie immer sehr deutlich spürbar gewesen. Ihre gekränkte Mutter hatte den Kontakt zu ihrer Schwester und dem herrischen Schwager abgebrochen. Der Bruder hatte seine Wut in Alkohol ertränkt.

Kinder übernehmen den Schmerz ihrer Eltern – und können tatsächlich auch so etwas wie Engel der Heilung für ihre Eltern sein. Die Frau erinnerte sich an die Beerdigung eines entfernten Verwandten. Sie war mit Vater und Mutter angereist und verspürte wieder diese eisige Stimmung zwischen den Geschwistern ihrer Mutter. Bei diesem Treffen wäre sicher eine Möglichkeit gewesen, sich zu versöhnen, doch keiner machte den nötigen ersten Schritt. Alle blieben auf Abstand, bis das Kind, meine Klientin, zu ihrer Patentante ging, um sie herzlich zu begrüßen. Der Ehemann der Patin, jener »herrische« Onkel, war sichtlich bewegt und sagte liebevoll:

»Du bist der Engel, der zu uns kommt und uns begrüßt.«

Daraufhin war das Eis größtenteils gebrochen, und die meisten Familienmitglieder sprachen wieder miteinander. Ob sich tatsächlich alle auch vergeben haben, konnte meine Klientin nicht sagen – und das hätte ja auch gar nicht in ihrer Kraft und Macht gelegen. Doch sie hatte Großes bewirkt. Sie hatte schon früh begriffen, wie sehr Streit schmerzen kann, und wie wichtig es ist, Konflikte nicht lange Zeit zu verdrängen, sondern alsbald gemeinsam Lösungen zu finden und zu vergeben.

Was war hier der Segen?
Die Klientin erkannte sich für ihr Bemühen um Harmonie in ihren Beziehungen an. Als es schließlich um ihr eigenes Erbe ging, hatte sie den Mut, den Eltern gegenüber für sich einzustehen. Schon zu deren Lebzeiten suchte sie gemeinsam mit den Eltern und ihren zahlreichen Geschwistern nach einer friedlichen, möglichst gerechten und für alle Seiten akzeptablen und umsetzbaren Lösung.

Wie war das möglich?
Dadurch, dass sie die Erbstreitigkeiten ihrer Mutter und derer Geschwister miterlebt hatte, wusste sie ganz genau, was sie mit ihren eigenen Geschwistern nicht erleben wollte, und hatte gelernt, dass das oberste Ziel in der Familie ein friedlicher und respektvoller Umgang ist – auch und vor allem beim Erben.

Plötzlich sah die Klientin eine Theaterbühne vor sich. Alle Familienmitglieder, die bei dem vergangenen Erbdrama mütterlicherseits mitgewirkt hatten, verbeugten sich vor ihr. In diesem Moment durchströmte diese Frau eine ungeheure Dankbarkeit und größte Liebe zu jedem einzelnen Beteiligten, der ihr diese wichtige Erkenntnis ermöglicht hatte. Jedes Familienmitglied schien eine Rolle übernommen zu haben, um ihr im Nachhinein dabei zu helfen, sich für Frieden, Harmonie und Heilung einzusetzen. Aus ihrem Kindheitsschmerz heraus war sie nun sehr darauf bedacht, eine liebevolle Verbindung zu ihren Eltern und Geschwistern zu pflegen. Auch führte

sie eine glückliche Partnerschaft und Ehe mit ihrem Mann. Gemeinsam hatten sie Kinder, die sie sehr liebten. All dies ist im Grunde aus ihrer einst als leidvoll empfundenen Erfahrung in der Kindheit erwachsen. Im Nachhinein ergab alles einen sehr, sehr lichtvollen Sinn. In dem Moment, in dem sie dies erkannte, lachte sie auf, applaudierte den einstigen Darstellern und umarmte im Geiste nochmals jeden einzelnen. Sie vergab auch sich selbst. Auch sie war nicht perfekt. Sie stellte hohe Anforderungen hinsichtlich ihrer Ehe an sich selbst und ertappte sich doch immer wieder dabei, in die Ego-Falle geraten zu sein. Sie war aber willens, ein Engel zu bleiben und weiter zu helfen und zu heilen.

Bezüglich der Nierenschmerzen berichtete sie mir noch, dass sowohl ihre Mutter als auch ihr Neffe daran leiden würden. Auch in der Familie des Neffen würden Bruder und Schwester wegen Erbauseinandersetzungen nicht mehr miteinander reden. Aus ihrer Heilertätigkeit heraus war ihr längst bewusst, wie wichtig das Verzeihen ist, denn Vergebung heilt. Auch ein Heiler ist davon nicht ausgenommen und muss stetig an sich selbst arbeiten und mehr und mehr Ordnung schaffen, um ein Vorbild zu sein.

Probleme und Schmerzen bezüglich der Nieren stehen – da es sich ja hierbei um ein Paarorgan handelt – für Konflikte in der Partnerschaft im weitesten Sinne, die nicht primär sexueller Art sein müssen, sondern das Zwischenmenschliche betreffen. Ungelöster Zwist lässt Zweifel am Glauben an das Gute im Menschen aufkommen. Im Streit lehnen wir die Engelshilfe ab. Das wiederum bringt das Ego auf Hochtouren. Der Körper reagiert dementsprechend auf negative Erlebnisse, was zu Beschwerden oder Krankheiten führen kann. Doch wenn der Körper krank ist, so steht dahinter immer auch ein großes Heilungsgeschenk. Während einer Krankheit ist der Geist offener, sodass bestimmte Einsichten nicht mehr abgewiesen, sondern als Bereicherung angenommen werden und den Körper heilen können.

Überwältigt von all den Gefühlen und inneren Bildern wandten wir uns in der Heil-sitzung nun wieder der Niere zu und sagten ihr Dank. Ein längst vergessener Schmerz war wieder ins Bewusstsein gekommen und in Liebe und Dankbarkeit gewandelt worden. Die Niere darf sich nun erholen und ganz gesunden. Sie ist der Engel, der ihr diese Botschaft überbracht hat. Das ganze Heilzimmer war in brillantes Licht, das intensive Wärme und Geborgenheit ausstrahlte, getaucht. Heilerin und Klientin waren Zeugen der Verwandlung von Schmerz in Weisheit und tiefste Liebe.
Die Moral der Geschichte: Liebe deine Familie.

Es gibt auf der Erde keine Gerechtigkeit, die sich mit Geld aufrechnen lässt.
Jeder gibt zu jeder Zeit sein Bestes.
In jedem Schmerz liegt ein Geschenk, das es zu erkennen gilt.

Liebe Vater und Mutter.
Liebe deine Familie.
Liebe den Engel in dir und in allen.
»Können« kommt von »wollen«. Du kannst das, wenn du willst.
Du schaffst das.
Ich glaube an dich.

Mögen unsere Eltern das Erbe gütlich regeln. Mögen wir Kinder den Willen der Eltern annehmen, im Wissen, dass sich alles von selbst ausgleicht. Wir werden immer genug haben. Mögen unsere Eltern uns zutrauen, dass wir unser Leben gut meistern werden. Mögen wir diese Gedanken auch auf uns selbst und auf unsere Kinder übertragen.
Jeder hat den Engel der Fülle in sich. Feiern wir unser Engelsein, und seien wir glücklich miteinander, was auch gewesen sein mag. Es ist nicht mehr von Belang.

Jetzt bleiben nur noch die Fragen:
Möchte ich glücklich sein?
Möchte ich ein Engel sein?
Ja, ich will.

Wenn ein Heiler kein Medizinstudium absolviert hat, darf er keine Diagnosen stellen und auch keine Medikamente verordnen. Ein Heiler kümmert sich um die geistig-seelische Botschaft der Symptome und begleitet den Klienten in den inneren Frieden, so gut der Heiler seinen inneren Frieden in sich selbst verwirklicht hat. Der Heiler macht geistige Zusammenhänge bewusst und versetzt den Klienten damit in die Lage, sein höchstes Selbst als Engelswesen, das mit enormen Selbstheilungskräften und größter Intelligenz ausgestattet ist, anzuerkennen. Arzt, Heilpraktiker und Heiler sind keine Konkurrenten, sondern jeder von ihnen hat Heilsames anzubieten, und der Patient/Klient kann wählen, welchen Heilungsweg er voller Vertrauen und konsequent gehen möchte. Medizin, Naturheilkunde und Geistiges Heilen ergänzen sich ideal.

Engel sind immer erfolgreich

Ein Unternehmer machte sich während eines Gespräches mit meinem Mann über mich lustig. Herablassend behauptete er, dass ich meine Praxis »mit den Engeln« wohl nur zu dem Zweck eröffnet hätte, um reich zu werden. Kopfschüttelnd erzählte mir mein Mann davon. Ich lächelte und meinte nur, er hätte ihm ruhig antworten können, dass jeder, der mit den Engeln zusammenarbeitet, schon reich ist.

Engel kennen keinen Misserfolg. Engel führen ihre Schützlinge immer zu Erfolg und Wohlergehen, denn:

Erfolg ist die natürliche Folge von weisen Gedanken, Worten und Taten.
In was ich Energie investiere, das vermehrt sich.

Es geschieht, was ich verursacht habe, jedoch nicht immer das, was ich mir wünsche. Die Wirkung dessen, was erfolgt, entspricht immer der Ursache, die ich gesetzt habe. Deshalb ist die bewusste Anweisung oder Bestellung die Grundlage für das, was kommen möge. Lade ich Positives ein, so heiße ich Positives in meinem Leben willkommen. Je überzeugter ich einlade, desto mehr Energie wird freigesetzt, um das Gewünschte zur richtigen Zeit optimal in Erfüllung gehen zu lassen.

Ich habe etwas anzubieten, was wertvoll ist und vielen Menschen großen Nutzen bringen kann. Ich habe in erster Linie die Absicht, Gutes zu tun. Dass ich damit auch noch Geld verdiene, freut mich, ist aber eher zweitrangig. Gewinn stellt sich von selbst ein, wenn meine ursprüngliche Absicht rein und aufrichtig ist. Mein Leben ist mir wichtig, deshalb empfinde ich auch meine Zeit, mein Wissen und meine Arbeit als sehr wertvoll.

*Mein Engelsein ist mein Garant für den Erfolg
in allen Wohl bringenden Unternehmungen.*

Ich erweitere mein Bewusstsein und kann achtsam und bewusst auf bestimmte Bedingungen sowie auf Menschen reagieren und mit ihnen umgehen. Ich verdiene es, dass mir Gutes widerfährt, darin ist auch Wohlstand inbegriffen. Jeder darf Fülle für sich definieren. Wichtig ist, sich wohlhabend und reich zu fühlen. Je besser meine individuellen kreativen Dienstleistungen bzw. meine Produkte sind und je mehr Menschen dadurch geholfen wird, desto mehr werde auch ich dafür belohnt.

Reichtum, der rechtmäßig und klug erarbeitet wurde, ist die Folge von guten Taten. Im Fluss der Fülle können Arbeitsplätze geschaffen werden. Firmen und ganze Industrien können ihren Gewinn mit ihren Arbeitern und Angestellten teilen. Wohlstand und Reichtum wären für sehr viele Menschen dann kein Fremdwort mehr, das Leben kein Kampf ums Überleben, sondern ein Vergnügen.

Im Engelsbewusstsein ist Geld als Tausch- und Zahlungsmittel willkommen. Es beruhigt, löst Ängste, Konflikte und Zerstörungswut. Auch das Geld ist Teil der Fülle, die sich ganz unterschiedlich zeigen kann und zu spüren ist. Geld macht nicht unbedingt glücklich, aber es beruhigt und kann viel Gutes bewirken. Das Ego verachtet das Geld als etwas Schmutziges oder hechelt dem unerreichbaren Wohlstand hinterher. Doch wer als Millionär vergisst, Tugenden und Charakterstärken zu würdigen und zu leben, sein Geld hortet oder sinnlos verjubelt, der kann reich und dennoch unglücklich sein. Zufriedenheit und Dankbarkeit locken hingegen alle Arten der Fülle an.

Voraussetzungen, um glücklich und zugleich erfolgreich zu sein

Lebe den Engel in dir:

- Nimm dich als Engel an,
  schenke der Engelsstimme in dir Gehör, und tue, was sie dir rät.

- Verschaffe dir Klarheit über dein Lebensziel.

- Verfolge die Absicht, selbst erfolgreich zu sein.

- Fördere die Liebe zu dir selbst und zu deinen Aufgaben,
  sei begeistert von dir und deinen guten Werken.

- Liebe deine Familie, und sei stolz,
  ihren Namen zu tragen und dazuzugehören.

- Lebe deine Berufung, indem du ganz bewusst
  den für dich richtigen Beruf ausübst.

- Verstärke deinen Selbstwert, denn dieser ist Grundvoraussetzung,
  um sich wertvoll zu fühlen.

- Glaube an dich selbst, und vertraue dem Engel in dir.

- Sei eine angenehme Persönlichkeit mit aufrichtiger
  und warmherziger Ausstrahlung.

- Erhalte dir deine Vitalität durch eine gesunde Lebensweise.

- Entwickle gute Verkaufstechniken, und habe Freude daran,
  für dich selbst zu werben.

- Pflege gute Beziehungen, baue Netzwerke auf.

- Lade das Glück immer wieder in dein Leben ein, werde und sei glücklich, indem du andere glücklich machst.

- Triff die richtigen Entscheidungen, indem du dich darum bemühst, in Übereinstimmung mit der eigenen Intuition zu sein.

- Sammle Fachkenntnisse und spirituelles Wissen – wende die geistigen Gesetze bewusst an.

- Sei bereit, ständig dazuzulernen und eigene Ego-Unzulänglichkeiten und Probleme schnell zu lösen oder auszugleichen – etwa, indem du Schuldgefühle und Konflikte in Vergebung auflöst.

- Übe dich in Achtsamkeit und Konzentration, Disziplin und Beharrlichkeit, Durchhaltevermögen und Mut.

- Sei bereit, nach Rückschlägen wieder aufzustehen, dazuzulernen, eventuell gemachte Fehler auszugleichen – und weiterzugehen.

- Wende daheim und am Arbeitsplatz Feng-Shui an, um eine förderliche Umgebung zu schaffen. Beispielsweise kannst du eine Wohlstandsecke einrichten und darin deinen geistigen und materiellen Reichtum symbolisch darstellen und ehren. Die Symbole hierfür solltest du ganz bewusst und individuell auswählen.

- Bemühe dich, ein hilfsbereiter und verlässlicher Freund, Partner und Mentor zu sein.

Übung: Dein Lebensziel

Notiere dir, was dein Lebensziel ist:

- Wer ist verantwortlich?

- Wie möchte ich dies erreichen?

- Wo möchte ich dies leben?

- Was kann ich ganz konkret tun, um mein Ziel zu erreichen?

- Wann möchte ich damit beginnen?

- Warum möchte ich dies tun?

- Wem nutzt mein Lebensziel sonst noch?

- Warum nicht damit beginnen?

Diese Übung kann immer wieder einmal gemacht werden. Die Ergebnisse werden dadurch immer klarer und ausgereifter.

Engel und Wunder

Wunder geschehen immer wieder.

Was ist ein Wunder?

- eine Spontanheilung
- eine überraschende, glückliche Fügung
- ein aus heiterem Himmel erfüllter Wunsch
- die Antwort auf eine drängende Frage
- Schutz in großer Gefahr
- die Geburt eines Babys
- ein unerklärliches Phänomen, das über den Verstand und die Wissenschaft hinausgeht
- die gesamte Schöpfung mit all ihren wunderbaren sichtbaren und unsichtbaren Erscheinungen
- … und unendlich vieles mehr …

Ein Wunder ist die Berichtigung einer falschen Denkweise.

Im Engelsbewusstsein sind Wunder selbstverständlich und ganz normal. Wunder als solche nicht anzuerkennen, zeugt von einem Festhalten an der Ego-denkweise.

Das Ego glaubt, dass es Wunder nicht gibt oder dass sie nur in Ausnahmefällen, durch besondere Menschen oder bei besonderen Anlässen geschehen. Der Engelsgeist hingegen weiß, dass Wunder jederzeit möglich sind und zu denen kommen, die zuvor um Wunder gebeten haben. Wer Ängste und Schuld loslässt, wer sich und andere bewertungslos als Engelsgeschwister annimmt, für den sind Wunder möglich. Tauchen wir in das Mysterium der Wunder ein, so begegnen wir wieder unserem engelhaften Sein und unseren treuen Himmelsfreunden.

Wenn ein Mensch voller Vertrauen ist, wirkt das ansteckend. Er erweckt in seinem offenen Gegenüber ebenfalls Vertrauen. Dies wiederum ist die beste Voraussetzung, um Blockaden heilen zu lassen und gemeinsam inneren Frieden zu spüren. Hier offenbart sich das Engelsfeld, ein heiles und heiliges, vollkommenes Feld, das immer Wunder bereithält.

Warum geschehen nicht viel öfter Wunder in unserem Leben? Nun, unsere Ansprüche sind ja meist auch sehr hoch: Der Gelähmte soll sofort wieder laufen können, der Krebspatient vollständig und für immer geheilt werden, Krieg und Elend sollen so schnell wie möglich beendet sein. Mit dieser großen Erwartungshaltung übersehen wir die vielen kleinen Wunder, die jeden Tag vor unseren Augen geschehen: den Sonnenaufgang, das Lächeln eines Mitmenschen, die Versöhnung nach langem Streit, das Zwitschern der Vögel, das grandiose Zusammenspiel unseres Organismus oder den reichlich gedeckten Tisch …

Wer ein Anliegen in sich trägt, kann dies den Engeln übergeben – und um ein Wunder bitten.

Jeder Zweifel ist hierbei hinderlich und verhindert Wundersames erfolgreich.

Das Ego sagt:
»Das kann nicht sein, das gibt es nicht.
Das kann und will ich nicht glauben.«

Der Engel in uns sagt:
»Ich bin für Wunder offen und bereit.
Danke für all die Wunder in meinem Leben. Ich liebe Wunder.«

Weil wir Menschen wankelmütig sind und immer wieder einmal in unseren trüben Ego-Zustand zurückfallen, ist es äußerst hilfreich, die ego-freie Engelsenergie anzurufen und um die Erfüllung eines Wunders zu bitten.

Die Berichtigung der falschen Denkweise bewirkt, dass sich die Ego-Gedanken quasi im Engelsgeist auflösen. Es ist ein Akt der Vergebung und wir lernen, pure Liebe zu empfangen. Das Wunder ist hier ein Geisteswandel, der sich im Inneren des Menschen vollzieht und bestmögliche Auswirkungen auf seinen Körper, seine Beziehungen und seinen Erfolg hat. Dies geschieht immer wieder, bis das Ego in seiner illusionären Sichtweise gänzlich berichtigt ist und wir mit allem und jedem im Frieden sind. Alles Beschränkende und Trennende, was uns einst gelehrt oder vorgelebt wurde, kann jetzt losgelassen werden. Wir gehen in das Unendliche und Vereinte ein.

Spontanheilungen sind jederzeit möglich. Sie geschehen durch einen plötzlichen Wandel im Energiezustand des Menschen, eine Schwingungserhöhung, die das Einfinden im Engelsein mit sich bringt.

Es stimmt nicht, dass ein Mensch sich zuerst selbst vollständig heilen muss, bevor er anderen helfen kann. Wer ist denn schon ganz gesund, völlig normal und absolut glücklich? Immer wieder einmal begegnet mir die Aussage, dass ein Heiler erst perfekt sein muss, bevor er der Allgemeinheit seine Dienste anbieten darf.

Das Erreichen dieses Perfektionismus wird in die Zukunft verlegt, und so warten wir unter Umständen ewig, bis wir glauben, nun endlich gut genug zu sein, um zu heilen oder Wunder zu wirken. Dabei übersehen wir, dass ja auch der Heiler in Resonanz mit seinen Klienten ist. Beide helfen einander so gut, wie sie es im Moment vermögen. Das genügt.

Wir helfen im Helfen. Wir lieben im Lieben.
Wir heilen im Heilen.

Jeder kann Heiler sein, da jeder ein Engel ist. Ich ermutige dich, lieber Leser, dir selbst und auch deinen Lieben die Hand aufzulegen und im Gebet die himmlischen Engel um Heilung zu bitten. Gemeinsam sind wir in aufrichtig empfundenem Mitgefühl ganz sicher gut genug für Wunder. Traue dich! Ich traue es dir zu, weil ich es auch mir zutraue.

Die Quelle aller Wunder ist in dir.

Du kannst heilen. Es gibt keine Einteilung in große oder kleine Wunder. Alle Wunder sind gleich. Sie bringen das Ego in den Engel zurück. Hier geschieht nicht mehr und nicht weniger. Ein Wunder ist ein Wunder.

Es sind pure Liebesdienste, die Menschen einander erweisen können. Sie geschehen, wenn beide in ihren Engelsgeist zurückkehren, der inneren Führung voll vertrauen und dieser Stimme bewusst folgen.

Jeder hat diese Engelsstimme in sich, die das Gleiche rät und kann wie jeder andere Engel auch. Letztlich stehen alle Engel in Verbindung mit der göttlichen Wahrheit. Es gibt hierfür viele verschiedene Worte und Symbole, derer wir uns, wie auch die Religionen, bedienen können. In allem können wir das Eine finden.

Wer mit ganzem Herzen höchste Liebe empfindet, hat die Gabe, Wunder zu wirken. In dir und in mir liegt die Kraft, Wunder zu vollbringen. Diese ist in unserer Engelsnatur inbegriffen.

In unserem Engelsgeist weilt die Wunderkraft. Diese anzuerkennen und dieser ganz zu vertrauen, befähigt zu Wunderbarem. Wer seine Engelsnatur noch bewusst oder unbewusst verleugnet, der holt sich Hilfe und bittet einen vertrauenswürdigen Menschen oder ein feinstoffliches Lichtwesen um ein Wunder. Wir projizieren das Potenzial, Wunder zu wirken, auf andere und können währenddessen erkennen, dass Wunder auch aus uns selbst heraus geboren werden können. Wir brauchen niemand anderen hierzu. Das allerbeste Wunder liegt in uns. Nutzen wir dies doch.

Je größer das Vertrauen, desto größer die Wahrscheinlichkeit, dass sich das Wunder ereignet.

Jeder Mensch darf um Wunder bitten. Den Engeln ist nichts zu viel.

Gerne hält dein Engel seine Arme offen, um dich aus dem Ego-Albtraum herauszuholen und in seinen sicheren Armen zu begrüßen. Engel können Wunder durch Menschen vollbringen, die sich für ihr lichtvollstes Sein öffnen. Diejenigen, die derzeitig stärker in Verbindung mit ihrem Engelsein sind, helfen denen, die zeitweilig im Ego verhaftet sind. Der Mangel an Liebe wird in der Fülle geheilt. Auch das benennen wir als Wunder.

So helfen Engel jenen, die glauben, sie seien gar keine Engel, und auch denen, die glauben, sie seien ganz besondere Engel, die über ihren Mitmenschen stehen. Wunder heilen die unterschiedlichen Sichtweisen und geleiten zur Einsicht, dass jeder schon jetzt, in diesem Moment, heil, richtig und wichtig ist. So bereichern Wunder Heiler und Klienten, den Gebenden und den Empfänger, in gleichem Maße. Wunder sind ein Austausch und eine Mehrung der bedingungslosen Liebe auf Erden.

Wunder entspringen Engelsgedanken, die geteilt werden,
und Bestes in Psyche und Körper hervorbringen.

Wer von der Wahrheit seiner Engelsnatur überzeugt ist, kann dies mit Wundern bezeugen. Doch sollten diese nie aus unlauterer Absicht eingeladen werden, um die eigene Macht und Kraft zu demonstrieren oder um andere zu manipulieren. Wunder sollen immer ein edler Akt der Nächstenliebe sein, der nur ausgeführt wird, um einander zu helfen und zu heilen.

Derjenige, der die Wunder wirkt, wird mit jedem Mal standhafter im Bewusstsein um sein höchstes Engelselbst. Er weiß, dass wir alle in Wirklichkeit strahlende und starke Wesen sind. Hierdurch wird der Empfänger des Wunders in seinem Glauben an seine inneren Selbstheilungskräfte gestärkt.

Ein Wunder ist ein gegenseitiger Dienst, ein Erkennen als gleichwertige Brüder und Schwestern. Wunder entspringen reinsten Gedanken in einem harmonischen Miteinander. Das Allerbeste hat seinen Ursprung in einer heiligen Beziehung.

Setze diese Kraft, die in dir ist, zum Gesamtwohl ein.
So bleibst du in deinem Engelsgewahrsein.
Du selbst bist das Wunder.
Akzeptiere dich als Wunder.
Lebe dich, du Engel.

Für Wunder sind Raum und Zeit nicht von Belang. Wunder geschehen zur richtigen Zeit, am richtigen Ort. Wir wissen, dass der Himmel hier, jetzt und überall zugleich ist. Deshalb gibt es jederzeit und allerorts die idealen Voraussetzungen, um Wunder zu erleben.

Das Wunderfeld der Liebe

Damit das Wunderfeld aktiv werden kann, bedarf es »nur« der Einwilligung zweier Geister, die jetzt eins werden möchten. Zwei Engelsgeister, die sich in bedingungsloser Liebe begegnen, bringen Wundervollstes hervor. Die himmlischen Engel bieten diesen Service immer an. Aber auch durch Menschenengel, die sich ihres Engelseins bewusst sind, können Wunder geschehen. Oft sind dies Geistheilerinnen und Geistheiler, die ihre Heilergabe angenommen haben und sich in den Dienst am Nächsten stellen.

Die Wundergabe steckt in jedem von uns.
Jeder darf entscheiden, ob er sie anwenden möchte oder nicht.

Wenn ich einem Klienten die Hand auflege und um eine Engelbotschaft für ihn bitte, zeigt sich mir oft ein inneres Bild von uns, wie wir als lichtvolle Seelen miteinander fröhlich und voller Anmut tanzen. So ist jedes Wunder ein freudiger Tanz zweier Engel mit nachhaltiger Wirkung. Natürlich darf ein Heiler keine Heilversprechen geben oder Wunder garantieren. Dies würde gegen den Ehrenkodex der Heiler verstoßen.

Ich empfinde jede Heilsitzung als Wunder. Wenn ein Klient um einen Termin bittet, und wir gemeinsam unsere Engel einladen, um die geistigen Hintergründe einer Krankheit oder eines Problems zu erkennen, geschehen oft erstaunliche Dinge. Innere Lasten und Probleme lösen sich, Schmerzen vergehen, das Vergeben fällt leicht, Hilfe zur Selbsthilfe wird erhalten, neue Einsichten beflügeln, und es fließt eine starke Heilenergie. Das Schönste ist die Herzensverbundenheit, die sich zwischen mir und dem Klienten schon recht bald entwickelt und den Heilraum mit großer Liebe füllt. Hier ist Raum für Engel, Heilung und für Wunder.

Ich erinnere mich an eine Frau, die schon seit längerer Zeit erkrankt und durch einen Zeitungsartikel auf mich aufmerksam geworden war. Sie war zu mir in die Heilerausbildung gekommen, um ihre Selbstheilungskräfte zu mobilisieren und ihren Herzenswunsch nach einer spirituellen Weiterentwicklung zu erfüllen. Die Teilnehmerin bekam eine völlig neue Sicht auf ihre körperlichen Symptome und verstand auch deren Zusammenhang mit dem Kummer, den sie in ihrer Ehe verspürte. Ihr Mann hatte sich während der Krankheitsphase von ihr getrennt. Sie hatte ihr Leben selbst in die Hand genommen, war aber in ihrem Inneren derart tief verletzt, dass sie sich nicht vorstellen konnte, ihrem Mann jemals zu vergeben. Auch sie hatte Fehler gemacht und war voller Schuldbewusstsein. Doch für ihre gemeinsamen Kinder wollte sie eine Ebene erreichen, in der sie ihrem Exmann mit seiner neuen Freundin wenigstens an Geburtstagen oder anderen Familienfeiern würde neutral begegnen können.

Während der Ausbildungszeit bat sie mich um einen Einzeltermin, in dem sie mir von ihren Nöten und auch von dem Wunsch nach einer neuen Partnerschaft erzählte. Ich fragte sie, ob sie denn bereit sei, ihrem Mann zu vergeben, um so ihre Gesundheit zu unterstützen und sich für einen neuen liebevollen Partner zu öffnen. Sie haderte einen Moment. Es kostete sie riesige Überwindung. Der Schmerz war so groß, und sie hatte sich immer wieder eingeredet, dass sie ihm das alles nie verzeihen würde.

Währenddessen bat ich innerlich die Engel um Hilfe:
»Liebe Engel helft.«

Ich wusste um die Wichtigkeit der Vergebung für das Wohlergehen und für die Gesundheit der gesamten Familie. Ich sprach die Worte aus, die ich in mir vernahm. Der Exmann hatte das Bedürfnis nach Zweisamkeit und Leidenschaft. Die Frau sehnte sich nach Zärtlichkeit und nach gemeinsam verbrachter Zeit, um das Leben zu zweit zu genießen. Durch viele weitere Bilder gewann ich den Eindruck, dass die beiden in einigen Dingen unterschiedlicher Haltung waren, dass sie aber im Großen und Ganzen auf ein gemeinsames Ziel zusteuerten: in Liebe verbunden zu sein. Es war ihnen immer schwergefallen, miteinander zu reden, und so hatten sie sich mehr und mehr auseinandergelebt. Als die Krankheit ausbrach, waren sie schon weit voneinander entfernt und fast nur noch für die Kinder gemeinsam dagewesen. Diese neue Situation barg die Möglichkeit, wieder zusammenzufinden. Aber die Probleme vergrößerten sich, und der Mann entschied sich, zu gehen. Es gibt dafür keinen Schuldigen. Es wurde eine gemeinsame Erfahrung gemacht, die nicht einfach ausgelöscht werden kann, sondern als Lerneinheit betrachtet und geachtet sein möchte.

Das Ego würde zum Thema Vergebung sagen:
»Das ist einfach gesagt. Das geht aber nicht. Niemals werde ich verzeihen. Das soll er mir büßen.«

Der Engel würde sagen:
»Ja, diese 15 Jahre sind ein geliebter Teil meines Lebens. Ich wähle, friedvoll und dankbar darauf zurückzublicken, um jetzt glücklich und schmerzfrei sein zu können.«

Es stellt sich die Frage:
»Wie möchtest du denn leben? Möchtest du Friedensbringer oder Kriegsbote sein?«

Es gibt weder Opfer noch Täter. Du bist Schöpfer deines Lebens. Wie möchtest du jetzt und zukünftig leben? Wie kannst du mit deiner Vergangenheit in Harmonie sein?

Es kommt immer darauf an, wie solche Worte gesprochen werden und wie sie gemeint sind. Sieht die Klientin im Vergeben einen großen Gewinn für alle Beteiligten, so kann sie hierauf einwilligen. Solange sie einem Mitmenschen den Zutritt zu ihrem Herzen verbietet, schließt sie einen Teil von sich selbst aus und kann nicht ganz heilen.
Der Weg mit den Engeln führt uns zu all jenen, die uns das Geschenk der Vergebung bringen möchten. Es ist wahrlich wie ein Aufräumen und ein Verbünden mit sich selbst und mit der ganzen Welt.

Das Unmögliche wurde mit der Hilfe des Himmels wahr. Die Frau nickte und sagte, dass es ihre Wahl sei, ihrem Mann ganz zu vergeben. Zu kostbar war ihre Gesundheit und auch das Glück ihrer Lieben, als dass sie weiter auf ihrem Standpunkt des Nicht-vergeben-Wollens beharren würde. Sie meldete sich gleich bei mir zur Lightway-Familienheilung an, in der wir tiefe Schichten belastender Ereignisse, die sich in ihrer Familie zugetragen hatten, mit Engelshilfe durchlichteten. In der Familienheil-Meditation konnte die Frau auf Herzensebene ihrem Mann, seiner neuen Partnerin und auch sich selbst vergeben. Mithilfe der Schutzengel all ihrer Familienangehörigen, zu denen nun auch ihr Exmann gehörte, war sie bereit, jeden einzelnen von ihnen zu segnen. Es offenbarte sich der Urgrund der Liebe, der schon immer innerhalb der gesamten Familie gewesen war, auch jetzt noch ist – und auch in Zukunft immer bleiben wird. Die große Liebeskraft war deutlich zu spüren, sie durchströmte die Frau regelrecht. Sie war überglücklich, und ich als Heilerin war es auch.
Viel später einmal erzählte mir diese Frau, dass sie nach der ersten Heilsitzung so überwältigt gewesen war, dass sie der Vergebung zustimmen konnte. Das war für sie lange Zeit keine Option gewesen. Doch gemeinsam mit mir und den himmlischen Helfern war das Verlangen nach Frieden plötzlich so stark gewesen, dass sie allzu gerne und ohne Mühe verzeihen konnte. Sie hatte sich befreit gefühlt, und es war ihr auch körperlich sofort viel besser gegangen. Schwere löste sich in Leichtigkeit –

und Last in Segen. Ich schrieb ihr ein Segensritual auf, mit dem sie dieses heilsame Gefühl täglich aufrechterhalten kann. Weitere Wunder werden dadurch eingeladen und sind möglich.

Das Segnen ist eine Wunderkraft, die uns auf dem Lichtweg (»Lightway«) hält und reiche Ernte verspricht.

Wenn der Geist aus dem Ego in den Engel zurückkehrt, kann auch der Körper dauerhaft heilen. Beide, Wundergeber und auch Wunderempfänger, sind nicht gänzlich davor bewahrt, wieder in ängstliche oder zweifelnde Gedanken zurückzufallen. Deshalb rufen wir gerne die ego-losen, stets im Engelsgeist weilenden himmlischen Engelsgehilfen.

Im medialen geistigen Heilen setzen wir genau diese aktive Zusammenarbeit mit den Engeln ein. Hier erhalten wir Botschaften und Bilder, die eine neue Sicht aufzeigen und echte Vergebung ermöglichen. Die Brücke vom Ego zurück in den Engel ist immer die Vergebung.

Im Wunder wird Vergebung angenommen und auf alle ausgedehnt.

Wer Vergebung selbst lebt, kann sie weitergeben. In der lichtvollen Sichtweise gibt es nichts zu vergeben, sondern nur das Licht zu bestätigen, darin zu heilen und wieder eine auf das Licht ausgerichtete Geisteshaltung einzunehmen.

Wer nur glaubt, was er mit seinen physischen Augen sieht, verleugnet seine geistigen Gaben wie auch seine Engelsnatur, die unbegrenzt ist und an allen Orten gleichzeitig wirken kann.

Wie jeder Engel hast auch du das Potenzial in dir, Krankheiten zu heilen und Wunder zu wirken. Das gesamte Ego existiert in Wirklichkeit nicht. Somit sind Krankheit, Trennung und Tod gar nicht existent und können als Dunkelheit im Lichte aufgelöst werden.

Du bist pures Engelslicht.
Du bist nur Licht und Liebe.
Du bist befähigt, in Wundern die Nichtexistenz
des Egos aufzuzeigen.

Dein hellstes Licht löst jeden Schatten auf. Keine Dunkelheit des Egos kann dich bedrohen, wenn du dich auf dein Licht besinnst. Immer, wenn du in reiner Absicht betest, dankst oder segnest, ist es, als ob du zum Licht »Ja« sagst. Deshalb liegt im Gebet, im Danken und im Segnen auch deine Wunderkraft, die dir niemand nehmen kann. Du bist frei. Deine Gedanken sind so frei, dass du glauben kannst, ein Engel zu sein. Trage dementsprechend Gutes und Heilsames zum Wohle aller bei. Niemals geschieht ein echtes Wunder auf Kosten oder zum Schaden eines anderen.

Das Ego gibt es aus Engelssicht nicht, daher existiert es nicht. So kannst du in diesem Moment erleichtert aufatmen und zuversichtlich sein, dass du mit jeder Herausforderung des Lebens zurechtkommen kannst. Immer steht es dir offen, Frieden zu spüren. Dieser ist immer nur einen Gedanken weit entfernt, egal, was die äußere Welt dir vorspielen mag.
Genau in diesem Frieden liegt die Möglichkeit der Wunder. Biete jemandem Frieden an, und es geschehen Wunder über Wunder, die gar nicht mehr zu überblicken sind. Ich beglückwünsche dich und mich, solch ein wunderbares Engelswesen zu sein. Mögen wir uns auch immer so licht- und liebevoll verhalten.

Wenn wir allen Menschen und uns selbst alles vergeben haben, so ist unsere Ego-Sicht vollständig berichtigt. Wir blicken aus Engelsaugen in alle Dimensionen der Zeit und darüber hinaus. Das Verschmelzen in Gott ist nahe, und das Bedürfnis nach Wundern ist dann aufgehoben.

Eine grandiose Freiheit ist spürbar. Eine Freiheit, die jede Angst besiegen und jedes Problem lösen kann. Der Mensch hat sich an seine vererbte Schöpferkraft

erinnert und wird bewusst zum Gestalter seines Lebens. Dieser Mensch möchte nur noch Segen sein in allem, was er denkt, fühlt, sagt und tut. Er pflegt sein bewusstes Sein täglich durch seine Gedankenkraft, durch seine erhebenden Worte, Schriften, Lehren, und durch seiner Hände Arbeit. Riesige Dankbarkeit begleitet jeden Augenblick.

»Danke, dass ich ein Engel bin.
Ich liebe uns alle zutiefst.
Das Allerbestes für alle.«

Die Heiligkeit deiner Geschwister wird dir offenbart. Dieses Heilige kann verborgen sein, geht jedoch niemals verloren. Letztlich sind Wunder Fürbitten, die Vollkommenheit wieder anzunehmen.

In der geistigen Ebene des Himmels sind wir jetzt vollkommen. Aus dieser Gewissheit heraus können sich Wunder ereignen. Mit jedem Wunder ehrst du dich, lässt dein Licht leuchten, bist liebenswert und wertvoll.

Wunder entstammen geistiger Gesundheit und bringen Heil und Segen in das eigene Leben und in viele weitere. Das Ausmaß eines Wunders kann nicht überblickt werden, es hat kein Ende.

Jeder Gedanke ist Energie und zieht seine Kreise. So geht auch kein Wunder verloren. Vielmehr schwingt es in Resonanz mit Gleichgesinnten und vollbringt so weitere Wunder. Die Stärke und die Achtsamkeit deines reinen Geistes ist dein bestmöglicher Schutz, der jeden Ego-Eindringling durchschaut.

Ein Wunder ist richtiges Denken.
Ein Wunder ist geistiges Heil,
gepaart mit der richtigen Wahrnehmung.

Ein Wunder löst die verwirrten Gedanken, die im Ego kreisen, und bringt sie in die ursprüngliche Ordnung zurück, bis diese wieder vollständig ist. Alle Illusionen des Egos müssen berichtigt werden, um die eigene Größe zu erkennen. Jedes Wunder hilft in diesem Bewusstwerdungsprozess von »falsch« zu »wahr«. Ein Engel sieht immer das Ganze und nicht nur einzelne Teile oder einzelne Menschen, Religionen oder Nationen. Engel sind sich ihrer Verwandtschaft zur gesamten Welten- und Himmelsfamilie bewusst. Täglich wird das Beisammensein dankbar gefeiert. Durch Engel bewirkte Wunder verbinden sich die Menschen zu Engelsgeschwistern und bestätigen deren gemeinsame Abstammung. So locken Wunder aus der Isolation und Einsamkeit in das Verbündetsein der Engelsfamilie in allen Welten und Sphären.

Die Engelskommunikation ist deine ursprünglichste Kommunikationsform. Sie liegt in dir. Nutze sie.

Du bist zu größten Wundern fähig,
weil du ein Engel bist.

Wunder geschehen,
wenn ein Engel sein Gegenüber
als Engel wahrnimmt.

Wer aus seiner Heiligkeit heraus
auf die Heiligkeit des anderen schaut,
kann Wunder bewirken.

Immer wieder scheint es so, als ob wir im Krieg seien. Das Gute ringt mit dem Bösen. Es ist ein innerer Kampf zwischen dem Teufel und dem Engel in dir, zwischen dem Dunklen und dem Licht. Dieser Zwist zeigt sich im Körper und rings herum. Lassen wir die Waffen des Egos fallen, und schenken dem Engel unsere Aufmerksamkeit, so werden wir in jeder Lebenslage eine versöhnliche und friedvolle Betrachtungsweise finden. Wir sind eine große Himmelsfamilie auf dem Planeten Erde, die einander Freud oder Leid bescheren kann. Jeder darf wählen, welches Geschenk er für die Erde mit all seinen Bewohnern sein will. Jedes Leben hat auf das aller anderen Auswirkungen. Du bist wichtig.

Braucht es Wunder?

Engel benötigen keine Wunder. Für uns wahlberechtigte Menschen sind Wunder den Glauben stärkende Zeichen einer beständig anwesenden, göttlichen Kraft in uns. Wir Menschenkinder können versagen, wenn wir unser Ego bejahen, nicht aber, wenn wir uns ganz als Engel spüren und bejahen. Dann sind wir verlässlich für Wunder gut. Jedes Wunder löst das Ego auf, bis wir uns erneut verleiten lassen – und wieder um ein Wunder bitten möchten. So können wir uns trotz gemachter Ego-Erfahrungen jederzeit wieder erneut als Engel anerkennen.

Dies ist ein Brief von einer Ausbildungsteilnehmerin, den sie
für die Leser dieses Buches geschrieben hat.

Heilung heilt

Dass Heilung heilt, wusste ich schon länger. Durch persönliche Erfahrungen und meine langjährige Arbeit in meiner Praxis mit Massage und Körpertherapien merkte ich, wie wichtig es ist, seelische Probleme zu lösen. Aber wie?

Dann habe ich beschlossen, bei Simone eine Heilerausbildung zu beginnen.

Simone saß in Ruhe vor uns und begann schon bald, über Wunder zu erzählen. Das tat sie mit solch einer Selbstverständlichkeit, die mich zum Staunen brachte. Als wenn Wunder eine alltägliche und normale Sache wären.
Während sie erzählte, hörte ich zu, aber gleichzeitig kamen in mir viele Gedanken und Fragen auf. Ich dachte, vielleicht mache ich etwas falsch, weil bei mir Wunder gar nicht immer einfach geschehen. Ich war doch ein bisschen neidisch, dass ich nicht die gleiche Selbstverständlichkeit in mir fühlte, wie sie, wenn sie über Wunder sprach.

Dann wurde es mir einmal, während einer ihrer Ausbildungssitzungen, enorm übel. Ich konnte kaum auf dem Stuhl sitzen bleiben und zählte schon die Stunden. Das war sehr seltsam, weil die Ausbildung mich ja wirklich total faszinierte. Ich musste es Simone dann doch mitteilen, da ich sonst hätte nach Hause gehen müssen. Da passierte etwas Faszinierendes:

Als Simone nachfragte, an was mich die Übelkeit erinnerte, kam in mir ein 30 Jahre zurückliegendes Trauma, das ich bei einem Verkehrsunfall erlitten hatte, hoch. Alle Gefühle waren durcheinander. Zudem hatte ich immer gedacht, dass ich das schon längstens verarbeitet hätte. Den Gedanken, »nicht ganz normal« zu sein, hatte ich seit der Schulzeit unbewusst in mir getragen. Nach dem Unfall hatte ich den Kopf kaum bewegen können und ständig unter starken Kopfschmerzen und Migräne gelitten. Kein Arzt hatte mir weiterhelfen können. Ergo war ich als psychisch krank abgestempelt worden.

Weinkrämpfe schüttelten mich durch, als ich mich an all dies wieder erinnerte. Simone legte mir ihre Hände auf und arbeitete mit Heilenergie, bis ich mich wieder beruhigte. Seither bin ich meine Kopfschmerzen los und – was fast noch besser ist –, ich fühle mich jetzt ganz normal!

So könnt ihr euch vielleicht vorstellen, was passiert, wenn sich eine solche Emotion löst! Mein Selbstbewusstsein ist sehr gestärkt. Das bedeutet, dass ich jetzt auch mal »Nein« sage, wenn andere nur stumm nicken. Ich stehe für mich und für andere ein. Ich grenze mich bewusst ab, und das mit einer Ruhe, wie Simone sie ausstrahlt, wenn sie über Wunder spricht. Das bringt schon einige Veränderungen im privaten und beruflichen Bereich mit sich, und löst auch Staunen bei Leuten in der direkten Umgebung aus.

Weil dieses Heilungswunder nun in mir gespeichert ist, werde ich diese Sicherheit immer in mir tragen. Ich habe meine innere Urkraft zurück und kann sie dank der Heilung auch anderen Menschen mit ganz viel Sicherheit weitergeben. Nur etwas ist mir noch ganz wichtig zu schreiben:
Wenn man bereit ist, sich weiterzuentwickeln, vorwärts zu kommen und ein eindeutiges »Ja« zu sich und seiner positiven Entwicklung zu sagen, dann können Wunder passieren, ganz einfach und leicht. So wie bei mir.
Ich wünsche, dass jede Person, die diese Geschichte liest, auch eine solche wunderbare Erfahrung erleben darf! Ich bedanke mich von ganzem Herzen bei Simone Bernhart für dieses große Glück!
Herzliche Grüße an alle.

Segen sein

Jedes Leben bietet in seiner Betrachtung unterschiedliche Erfahrungen und Lerneinheiten. Dies gilt auch für meine Aussage:

»Du bist ein Engel. Wir alle sind Engel.«

Wer dem nicht glauben möchte,
dem sei es gestattet.
Wer dem glauben möchte,
dem sei es ebenfalls erlaubt.

In allen Worten meines Buches geht es nicht um das Rechthaben, sondern um das Glücklichsein. Darum prüfe jeder in sich, ob er als Nichtengel oder als Engel leben, und auch mit dieser Einstellung seinen Körper einmal ablegen möchte. Womit möchtest du dich identifizieren: mit dem Ego oder mit dem Engel?
Es ist mir bewusst, dass ein Mensch, der noch sehr in Schuldgefühlen und Schuldzuweisungen verstrickt ist, sich nur schwer vorstellen kann, ein Engel zu sein. Je mehr wir aber von unserer Geschichte heilen, desto mehr entfaltet sich aus dem Kokon der Schmetterling. Es ist nichts anderes als ein Reifungs- und Weisheitsprozess, der uns zur Engelseinsicht zurückführt. Freiwillig im Ego zu bleiben, bedeutet Schmerz und Leid einzuladen, an der Nichtvergebung festzuhalten und innere Unordnung zu bejahen.

Aus freiem Willen heraus ein Engel zu sein bedeutet, um seinen göttlichen Ursprung zu wissen und diesen weiterzutragen. Aus dem Praktizieren des Vergebens heraus heilen wir uns und strahlen Ordnung, Frieden und Harmonie aus.

Wer heilt, hat recht.
Was heilt, ist gut und willkommen.

Egos heilen einander nicht. Sie bleiben getrennt und töten sich gar, obwohl sie in Wahrheit immer Engel sind.

Engel verbinden, was entzweit,
und bleiben, was sie sind.

Auf der Erde besteht die ständige Wahl zwischen Ego und Engel. Trotzdem war, ist und bleibt ein jeder Mensch eine Wirkung des Höchsten, die vollkommen, heil und heilig ist.

Bin ich wirklich ein Engel? Das war die Frage, die am Anfang dieses Buches stand. Nun wissen wir: Ich bin göttliches Sein. Ich bin der Schöpfer meines Lebens. Durch mich verströmt sich großer Segen.

Eine Frau kam in unser Institut und bat mich, Kontakt zu ihrem erst kürzlich verstorbenen Vater aufzunehmen und eine Botschaft von ihm zu übermitteln. Ich betete und öffnete mich für ihr Anliegen. In inneren Bildern sah ich einen Mann über eine große Hängebrücke gehen. Unter ihm war es schwarz und bedrohlich. Doch ich sah, wie der Mann sich an einem dicken, hellen Seil festhielt und unbeschadet den Abgrund überquerte. Dieses dicke Seil war ein Lichtband, das die Worte der Tochter symbolisierte, mit denen sie ihrem Vater im Sterbeprozess immer wieder versichert hatte, dass Gott ihn bedingungslos liebe, und dass er ohne Angst und voller Vertrauen dieses Leben loslassen könne, um ins Paradies überzugehen.

Jetzt sah auch ich das Paradies, das sich am Ende der Hängebrücke auftat. Eine unbeschreiblich schöne Landschaft in sonniger Helligkeit, warm und einladend, und herrlicher als ich es je mit Worten beschreiben könnte. Ich vernahm die Botschaft des verstorbenen Vaters an seine Tochter: »Es ist noch schöner, als du es mir hättest berichten können. Dank dir habe ich den Weg problemlos gefunden. Ich bin dir zu-

tiefst dankbar für deine weisen Worte und überschütte dich mit meinem Segen. In ewiger Liebe bleibe ich gerne dein Vater.«

Die Frau war sehr berührt und in sich bestätigt. Auch sie hatte das Gefühl, dass es ihrem Vater sehr gut geht. Sie bedankte sich bei mir, dass ich diese Art von Dienst anbiete, und plötzlich kam ein »Ich liebe dich« über ihre Lippen. Diese wunderbaren Worte erwiderte ich nur zu gerne, und wir umarmten uns wie längst vertraute Schwestern.

Dieses Buch möge Segen sein

Als einfache Frau, Mutter, Heilerin, Lehrerin, Unternehmerin und Autorin habe ich kein Studium der Psychologie, der Theologie, der Betriebswirtschaft oder der Philosophie absolviert. Ich bin auch nicht sehr sattelfest in der Bibel oder in anderen heiligen Schriften. Alles, was ich geschrieben habe, entstammt meiner Erfahrung, die ich in meiner Familie, dem Geschäft meines Mannes, aus vielen Büchern, in spirituellen Ausbildungen und der eigenen Heilerpraxis gesammelt habe. In Meditationen erhalte ich Visionen und innere Botschaften, die vielen schon geholfen und Wunder bewirkt haben.

Im Schreiben dieses Buches und ganz besonders jetzt, beim nochmaligen Lesen, wird mir klar, welche Bandbreite an Liebe ich bisher erleben durfte. Ich erinnere mich, dass ich schon in jungen Jahren gesagt habe, dass ich so dankbar bin, solch eine tiefe Liebe in diesem Leben zu erfahren und zu genießen.

All das Wunderbare jetzt mit dir, lieber Leser, zu teilen, erfüllt mein Herz mit echter Liebe zu dir. Danke für deine Offenheit, und bitte vergib mir, falls etwas fehlt oder für dich nicht ganz stimmig ist. Danke für dein Sein. Du bist ein Segen.

Ich lebe, was ich sage und schreibe.
Alle Botschaften, die ich für mich oder für andere erhalte, integriere ich so gut es mir möglich ist in meinen Lebensalltag, indem ich sie mit meinen Lieben anwende. Für sie ist es sicherlich manchmal etwas anstrengend. Danke an alle, die gerne mit mir zusammen sind, und die mich so lieben, wie ich bin. Das ist auch mein Anliegen: in jedem den Engel zu sehen.

In meiner Tätigkeit als Heilerin fällt es mir am leichtesten, des Göttlichen in uns und um uns herum gewahr zu sein. Deshalb ermutige ich jeden, sich im Geistigen Heilen weiterzubilden und das Interesse und den Kontakt zum Himmel in sich auszuweiten. Dies dient der Selbstheilung, trägt zum Frieden in der Familie bei, bereichert in jedem Beruf und in jeder Lebenssituation.

Liebet einander, wie Engel sich lieben.

Frage dich immer:
Wie sieht dies mein Engel?
Wie würde sich mein Engel entscheiden?
Wie handle ich hier als Engel?

Falls sich auch bei dir wieder einmal das Ego meldet, so lasse dich nicht entmutigen, wir haben ja tolle Helfer an unserer Seite.

Mein Mann sagt in solchen Fällen gerne zu mir: »Simone, wo bleibt deine anhaltend gute Laune?« Das ist spirituelles Einrenken, ein schnelles, erneutes Ausrichten auf das Licht. Ich habe ja das Rezept bei mir, um wieder in mein Engelsein heimzukehren: Ich erinnere mich, wer ich wirklich bin.

Dann lächle ich befreit auf und sage: »Dankeschön.«
Es bleibt spannend. Bleiben wir dran.
Das Allerbeste für dich und für alle deine Lieben.

In Liebe und herzlicher Verbundenheit

Simone Bernhart

Simone und Wolfram Bernhart

Über die Autorin

Simone Bernhart

Lightway ® – Institut für Geistiges Heilen und Feng Shui

Talblick 6 / D - 79780 Stühlingen / +49 (0) 7703 933 6698

info@lightway-institut.de / www.lightway-institut.de

Unter www.lightway-institut.de finden Sie noch viele weitere Informationen über die Autorin, unter anderem auch zu ihren im Eigenverlag erschienenen Meditations-CDs, die Engel spürbar und erfahrbar machen.

Ausbildung zum Heiler

Seit 2009 bietet Simone Bernhart Einzelsitzungen, Engel-Meditationsabende, Seminare an und leitet seit 2011 die zertifizierte Ausbildung zum Lightway-Heiler. Hier können Sie die Anwendung des geistigen Heilens zur Selbstheilung und für die Heilarbeit erlernen.

Da jeder Mensch in seinem Inneren bereits ein großes Potenzial an Heilkräften besitzt, sind keine Vorkenntnisse erforderlich. Der Lehrgang fördert das Vertrauen in den inneren Heiler. Mit spirituellem Wissen und vielen persönlichen Erfahrungen werden verschiedene Behandlungsmethoden praktisch angewandt. Schwerpunkte der Lightway-Heiler-Ausbildung sind Selbstheilungstechniken, energetisches Handauflegen, kraftvolle Heilgebete und Heilsymbole als Lichtmedizin, Hellsichtigkeit und Medialität mit Engelkommunikation, Abgrenzungs- und Reinigungstechniken sowie Aspekte des Feng Shui. Erlernt wird der Organdialog, um die Zusammenhänge zwischen Krankheit und deren geistig-seelischen Ursachen zu erkennen und zu wandeln. Bei der Lightway-Wirbelsäulen-Ausrichtung werden die Anliegen der Wirbelsäule beleuchtet. Innere Blockaden dürfen heilen, damit sich der Körper sichtbar ausrichten kann.

In der von Simone Bernhart entwickelten Lightway-Familienheilung werden belastende Familienmuster gelöst, um eine erfüllte Partnerschaft und harmonische Beziehungen zu verwirklichen.

Du bist herzlich willkommen.

Buchempfehlungen aus dem Schirner Verlag

Ute Leilani Meuser

ERDENENGEL

... wir sind Sternenstaub und wachen auf!
Kartenset, 50 Karten mit Ideen zur Anwendung
978-3-8434-9062-7

Sei ein ErdenEngel … die Zeit ist jetzt!

Wir Menschen stehen vor neuen Herausforderungen. Wenn wir uns selbst als ErdenEngel wahrnehmen, können wir unsere Bestimmung leben. Gemeinsam werden wir eine neue Erde aufbauen, die in Harmonie mit der Natur, den Elementen und dem großen Ganzen existiert. Zum Wohle aller. Lasse dich inspirieren!

Jeanne Ruland

DAS GROSSE BUCH DER ENGEL

Namen, Geschichte(n) und Rituale
320 Seiten
978-3-8434-1187-5

»Im Traum erschienen mir hell strahlende, gold-weiße Engel. Sie erfüllten den ganzen Raum mit ihrem Licht – alles wurde in ihr glänzendes Gold getaucht.«

Dieses Erlebnis inspirierte die Engelexpertin Jeanne Ruland dazu, ihr umfangreiches Wissen über jene wunderbaren Lichtwesen mit uns zu teilen. Entstanden ist ein einzigartiges Engelkompendium. Hier lernen wir alles über das Wirken, das Wesen und die Bedeutung der himmlischen Begleiter für uns und unsere Entwicklung. Wir erfahren, wie viele verschiedene Engel es gibt, wo sie leben – und warum sie eigentlich Flügel haben. Ein Lexikon mit über 1800 Engelnamen und ein umfangreicher Praxisteil mit Gebeten, Meditationen und Ritualen ermöglichen es uns, unseren ganz persönlichen Zugang zu den lichtvollen Helfern zu finden.

Petra Arndt
DER KLEINE ENGEL
Botschaften für die Seele
Kartenset, 50 Karten
mit Anleitung
978-3-8434-9052-8

Ein Engel für jede Gelegenheit

Der Kleine Engel zaubert jedem Betrachter ein Lächeln ins Gesicht. Er gibt uns witzige, aber auch tiefgründige Botschaften mit auf den Weg, die unseren Tag gleich ein wenig heiterer werden lassen. Er steht uns zur Seite, wenn wir traurig sind, unterstützt uns dabei, uns für eine Versöhnung zu öffnen, und hilft mit, die nötige Gelassenheit aufzubringen, wenn es mal nicht so läuft, wie wir es wollen. Entdecken Sie den Kleinen Engel für sich und mit ihm die vielen wundervollen Momente des Lebens!

Jeanne Ruland
WAS ENGEL DIR SAGEN
Botschaften deiner himmlischen Helfer
208 Seiten
978-3-8434-1159-2

»Breite deine Flügel aus, und fliege.«

Jeanne Ruland, die beliebte Autorin und Engelexpertin, schenkt uns ein Stück Himmel: Mit diesem Handorakel lässt sie uns die Stimmen der Engel wahrnehmen. Jede liebevoll gestaltete Seite stellt für sich ein kleines Kunstwerk dar und gibt uns eine heilsame Botschaft, eine praktische Übung und eine kraftvolle Affirmation mit auf den Weg – Tag für Tag, denn die himmlischen Wesen begleiten uns auf unserem Lebensweg, in jedem Moment.

Jedes Umblättern ist wie der leise Flügelschlag eines Engels. Wir lauschen den Stimmen der Engel und öffnen uns dafür, was sie uns mitteilen möchten ...

Bildnachweis

www.berndschumacher.com
Fotos der Lightway-Engel (S. 9/153/187) und Autorenfoto (S. 188)

www.shutterstock.com
S. 1/166/190/191: #150550508 © Subbotina Anna, S. 1–192: #191113295
© Farferros (Engelflügel), S. 1–192 #246590839 © Monika7 (Herzform),
S. 1–189: #187098038 © Annette Shaff, S. 4–189: #159213962 © Melpomene,
S. 2/3/188: #109152440 © Mike Degteariov, S. 3/103/168: #145102237 © Subboti-
na Anna, S. 6/25: #53180644 © Alin Brotea, S. 11: #203177821 © BABAROGA,
S. 14: #209275522 © Suzanne Tucker, S. 21/54/61: #241883509 © Nikolaeva
(Pfeile), S. 31/63–66/68–71/100/101/132/133/146/165/182: #209060959 ©
tomertu, S. 33: #135293156 © irbis picture, S. 40: #113754637 © Elena Schweitzer,
S. 42: #165634163 © Arjan van Duijvenboden, S. 42: #144072169 © Peter
Hermes Furian, S. 51: #77407270 © Alin Brotea, S. 60: #192717038 © sidmay,
S. 63/134: #93721396 © isak55, S. 63–72/100/101/132/133/164/165/182/183:
#261561542 © Bulbash, S. 77: #80883424 © Nailia Schwarz, S. 106: #110676938
© Andrii Muzyka, S. 114/115/192: #189943667 © Balazs Kovacs Images,
S. 119: #215853853 © Balazs Kovacs Images, S. 121: #276326123 © tawanlubfah,
S. 126: #291576611 © VICUSCHKA, S. 161: #145979432 © Balazs Kovacs Images,
S. 186: #341268518 © ATI.Rodion